Lena Schuett
Katharina Verrière

Binnendifferenzierte Sprechanlässe **im DaZ-Unterricht**

Klassen 5 – 10

Cornelsen

Die Autorinnen:
Lena Schuett ist Lehrerin für Englisch und Französisch in der Sekundarstufe I und II. Derzeit arbeitet sie an der Erwachsenenschule Bremen.
Katharina Verrière ist Lehrerin für Mathematik und Englisch für die Sekundarstufe I und II. Derzeit arbeitet sie am Maria-Stemme-Berufskolleg in Bielefeld.

Projektleitung: Gabriele Teubner-Nicolai, Berlin
Redaktion: Anke Kellerhoff, Wilnsdorf
Umschlaggestaltung: Corinna Babylon, Berlin
Umschlagfoto: stock.adobe.com/ylivdesign
Illustrationen: Dorina Tessmann, Berlin
Layout/technische Umsetzung: fotosatz griesheim GmbH, Griesheim

www.cornelsen.de

1. Auflage, 3. Druck 2025

Druck: Cornelsen Verlagskontor, Bielefeld

ISBN 978-3-589-15345-9

Inhalt gedruckt auf säurefreiem Papier aus nachhaltiger Forstwirtschaft.

Inhaltsverzeichnis

* Anfänger
** Mittelstufe
*** Fortgeschrittene

Vorwort

Kommunikative Kompetenz steht im Zentrum des modernen Zweit- und Fremdsprachenunterrichts. Allerdings kann gerade das „Sprechen" im Unterricht, besonders bei großen Lerngruppen, oft zu kurz kommen. Es gehört zu den Herausforderungen, die an die Zweit- und Fremdsprachenlehrkräfte gestellt werden, ihre Schüler zum Sprechen und aktiven Interagieren untereinander zu motivieren und darüber hinaus die individuellen Kompetenzen, Leistungsniveaus und persönlichen Hintergründe der einzelnen Lernenden zu berücksichtigen. Die hier vorliegende Aufgabensammlung versucht beidem gerecht zu werden: In diesem Band werden verschiedene Übungen und Aufgaben angeboten, die im Unterrichten von Deutsch als Zweitsprache (DaZ) genutzt werden können, um die Kompetenz „Sprechen" zu schulen.

Grundsätzlich werden kürzere **Aufwärmübungen** (s. S. 6 ff.) und komplexere Aufgaben angeboten. Hierbei wird zwischen den Kompetenzen „dialogisches Sprechen" (**Rollenspiele**, s. S. 20 ff.) und „präsentierendes Sprechen" (**Präsentationen**, s. S. 39 ff.) unterschieden. Jede Aufgabe verfügt über binnendifferenzierende Elemente. So werden etwa die Aufgaben in unterschiedlichen Schwierigkeitsstufen formuliert, es werden sprachliche und grammatikalische Unterstützungskarten sowie Aufgaben für schnellere Schüler angeboten. Zudem enthalten einige Aufgaben zusätzliche Differenzierungsangebote bezüglich der Schülerinteressen und Lernertypen. Dieses Vorgehen soll gewährleisten, dass alle Lernenden optimal auf die Aufgaben vorbereitet werden, um so einen bestmöglichen individuellen Kompetenzzuwachs erreichen zu können.

Die **binnendifferenzierenden Elemente** sind auf den Arbeitsmaterialien folgendermaßen gekennzeichnet:

Unterstützungskarten 

Unterschiedliche Schwierigkeitsstufen 

Zusatzaufgaben 

Unterschiedliche Interessen/Lernertypen 

Die **Unterstützungskarten** sind zum einen jeweils direkt unterhalb der Aufgabenstellungen zu finden und können durch Knicken des Blattes nur bei Bedarf hinzugezogen werden. So finden die Schüler die Aufgabe auf der Vorderseite und die explizit für die Aufgabe formulierte Unterstützung auf der Rückseite des Blattes. Diese Knicklinien werden folgendermaßen symbolisiert:

Knicken ------------------------- Bitte hier knicken -------------------------

Zum anderen sind weitere Unterstützungskarten in Form von generellen Hilfestellungen im hinteren Teil des Heftes zu finden. Diese sind durchnummeriert. Die Nummer, die auf dem Rucksacksymbol steht, zeigt an, welche Unterstützungskarte für die jeweilige Aufgabe angeboten werden kann. Diese Zuordnungen sind als Vorschläge zu verstehen; es können demnach noch weitere Karten je nach Bedarf angeboten werden. Die Unterstützungskarten sind somit aufgabenübergreifend und können an verschiedenen Stellen eingesetzt werden. Daher bietet es sich unter Umständen an, die Unterstützungskarten einzulaminieren, da sie mehrfach, auch außerhalb des Bandes, genutzt werden können.

Des Weiteren werden in den Aufwärmübungen für das dialogische und präsentierende Sprechen kleinere Übungen thematisiert, die entweder für sich alleine stehend oder im Rahmen von komplexeren Aufgaben genutzt werden können. Es werden lediglich Aufwärmübungen angeboten, die auch allen Aufgaben vorgeschaltet werden können.

Manche Aufgaben beinhalten Arbeitsblätter, die zunächst kopiert und dann ausgeschnitten bzw. geknickt werden müssen. Auch hierauf wird mithilfe von Symbolen hingewiesen:

Aus-/durchschneiden ✂- -

Je nach Schwerpunktsetzung können Präsentationen und Rollenspiele im Anschluss reflektiert und unter Umständen auch bewertet werden. Evaluationen können von den Schülern untereinander oder zwischen der Lehrperson und den Lernenden stattfinden. Hierzu können die sprachliche Hilfestellung von Rucksack 14 (S. 57) sowie die Reflektions- und Bewertungsbögen ab S. 61 dienen.

Die vorgesehenen **Niveaustufen** können der Übersicht im Inhaltsverzeichnis entnommen werden. Es handelt sich bei den Angaben immer um ungefähre Einschätzungen, je nach Klasse und Schwerpunktsetzung können diese variieren. Generell gilt, dass die Aufgaben unabhängig und flexibel eingesetzt oder aber an bestimmte Einheiten des Lehrwerks (wenn vorhanden) angeknüpft werden können. Letztendlich geht es um die Freude am Sprechen, sodass die Zweitsprachenlernenden von heute zu kompetenten Mehrsprachigen von morgen werden können.

Lena Schuett und Katharina Verrière, Januar 2018

Aufwärmübungen

Die Aufwärmübungen sollen die Schüler auf das Sprechen der deutschen Sprache einstimmen, können thematisch und sprachlich die sich anschließende Aufgabe vorentlasten und weisen folgende binnendifferenzierenden Elemente auf:

- Die Schüler können basierend auf ihrem sprachlichen Niveau reagieren.
- Die Schüler agieren vermehrt nur in partnerschaftlicher Interaktion, was zum Abbau von Hemmungen im Sprachgebrauch führen kann.

Die Aufwärmübungen können allgemein zu Beginn einer Unterrichtsstunde genutzt werden oder aber sie werden als Aufwärmung vor der Erarbeitung der Rollenspiele bzw. der Präsentationen mit einem jeweiligen thematischen Fokus (z. B. meine Stadt, Reisen, Party ...) eingesetzt, um auf das Thema der Aufgabe vorzubereiten und dieses sprachlich vorzuentlasten.

Die ersten vier Übungen

- *Heute fühle ich mich ...*
- *Heute Nachmittag möchte ich ...*
- *Das ist mein Lieblingssport ...*
- *So ist das Wetter heute ...*

sind Kopiervorlagen, die jeweils an die Schüler ausgeteilt werden. Hier geht es darum, spontan in einen Dialog einzusteigen. Hierzu stehen den Schülern ein Wortfeld und als Unterstützung ein Beispieldialog sowie Hilfen in Form von Unterstützungskarten (s. Nummern auf dem Rucksacksymbol) zur Verfügung. Um die Aufgabe weiter zu vereinfachen, könnten die Schüler den Dialog zunächst aufschreiben. Diese Aufwärmübungen können an die Aufgaben angepasst werden, indem der thematische Bezug beispielsweise zu „Das weiß ich über Berlin/Hamburg/München" geändert wird.

Die folgenden drei Übungen

- *Ratespiel (Grundlevel)*
- *Ratespiel (Erweiterungslevel)*
- *Bingo*

bieten zum einen das Spielmaterial (Karten bzw. Bingospielblatt) und zum anderen Unterstützungsangebote. Die Karten müssen vorab ausgeschnitten und das Bingospielblatt muss für alle Schüler kopiert werden. Diese Aufwärmübungen können spezifisch auf die Aufgaben zugeschnitten werden, indem die Schüler selbst die Karten zu einem vorab bekannt gegebenen thematischen Schwerpunkt erstellen. Die Karten können anschließend eingesammelt und dann mit der Gesamtklasse genutzt werden.

Die Übungen, die anschließend aufgelistet sind, verstehen sich als Anleitungen für die Lehrkraft, wobei diese auch den Schülern gezeigt bzw. an sie ausgeteilt werden können und die dazugehörigen Unterstützungen direkt genutzt werden können. Alternativ könnten diese auch an der Tafel aufgeschrieben werden bzw. auf einem Overheadprojektor gezeigt werden. Insbesondere eignen sich diese Übungen dazu, auf die folgenden komplexeren Aufgabenformate einzustimmen.

Heute fühle ich mich …

Aufgabe: Erzähle deinem Partner oder deiner Partnerin, wie du dich heute fühlst.

glücklich

traurig

aufgeregt

müde

wütend

gelangweilt

Beispieldialog:

A: Ich bin echt nervös heute.
B: Warum bist du nervös?
A: Ich habe einen Mathetest. Ich habe nicht genug gelernt.
B: Oh nein! Ich habe vergessen, dass wir heute einen Test schreiben!
A: Bist du nervös?
B: Nein, ich habe totale Angst!
A: Was sollen wir nur tun?
B: Ich glaube, da müssen wir jetzt durch.
A: Ok. Dann lass uns mal zur Stunde gehen.

Heute Nachmittag möchte ich …

Aufgabe: Erzähle deinem Partner oder deiner Partnerin, was du heute Nachmitttag tun möchtest.

Fußball spielen

Fahrrad fahren

mit Freunden shoppen gehen

für einen Test lernen

fernsehen

ein Buch lesen

Beispieldialog:

A: Was möchtest du heute Nachmittag tun?
B: Ich möchte mein neues Computerspiel spielen.
A: Was machst du in dem Spiel?
B: Ich muss eine Stadt bauen.
A: Das klingt gut. Kann ich mitmachen?
B: Ja, wir können zusammen spielen.
A: Super. Wann soll ich kommen?
B: Um vier Uhr.
A: Prima, wir sehen uns dann!
B: Tschüss.

Das ist mein Lieblingssport … (1, 3, 4)

Aufgabe: Schau dir die Liste an. Erzähle deinem Partner oder deiner Partnerin, was du am liebsten tust.

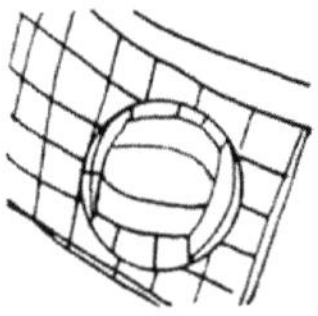

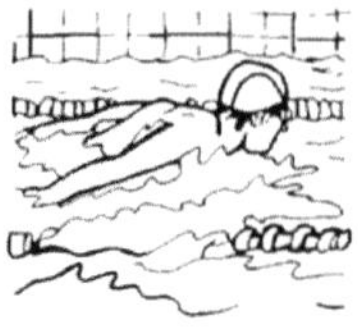

Fußball spielen
Tennis spielen
Basketball spielen
Volleyball spielen

schwimmen
klettern
reiten
joggen
wandern

Beispieldialog:

A: Welche Sportart machst du am liebsten? Fußball?

B: Nein, eigentlich nicht. Ich spiele Fußball nicht so gerne. Ich spiele lieber Basketball.

A: Warum?

B: Weil ich schnell und groß bin. Das hilft beim Körbewerfen.

A: Das klingt cool. Ich habe noch nie Basketball gespielt.

B: Willst du zum nächsten Training mitkommen?

A: Gerne.

B: Super!

A: Bis dann.

B: Tschüss.

So ist das Wetter heute … (1, 3, 4)

Aufgabe: Erzähle deinem Partner oder deiner Partnerin, wie das Wetter heute ist und was du unternehmen möchtest.

Heute ist es …

sonnig/grau.
windig/stürmisch.
kalt/warm.
nass/trocken.
bewölkt/wolkenlos.

Der Himmel ist grau/blau.
Die Sonne scheint (nicht).
Es regnet (nicht).
Es gibt viele/keine Wo
Es sind 20 Grad.

Beispieldialog:

A: Ich würde gerne Fahrrad fahren. Wie wird das Wetter heute?

B: Gute Idee! Das Wetter ist super. Der Himmel ist blau, die Sonne scheint und es gibt keine Wolken.

A: Toll. Weißt du, wie warm es ist?

B: Ich bin mir nicht sicher, aber ich glaube, es sind ungefähr 25 Grad.

A: Oh, super. Da kann ich ja unterwegs schwimmen gehen.

B: Klingt gut. Kann ich mitkommen?

A: Klar, komm mit!

© 2018 Cornelsen Verlag GmbH, Alle Rechte vorbehalten. Die Vervielfältigung dieser Seite ist für den eigenen Unterrichtsgebrauch gestattet. Nutzung sämtlicher Inhalte nur im Rahmen dieser Vorlage. Schuett/Verrière · Binnendifferenzierte Sprechanlässe im DaZ-Unterricht. Illustration: Dorina Tessmann

Ratespiel (Grundlevel): Wörter erklären

Aufgabe:
Ihr spielt in zwei Teams.
Eine Person aus jedem Team muss den anderen das **fett** gedruckte Wort erklären.

Version 1: Ihr könnt die anderen Wörter auf der Karte zum Erklären benutzen, nur das **fett** gedruckte nicht.
Version 2: Ihr dürft beim Erklären keines der Wörter benutzen.
Version 3: Ihr bekommt zwei Punkte, wenn ihr das fett gedruckte Wort ohne die Hilfe der anderen Wörter beschreibt. Ihr bekommt einen Punkt, wenn ihr die Wörter zum Beschreiben benutzt.

Entscheidet euch für eine Version, bevor ihr anfangt zu spielen. Euer Team kann Fragen stellen, die mit „ja“ oder „nein“ beantwortet werden können. Wenn ein Mitspieler das Wort errät, dann geht's weiter mit der nächsten Karte.
Zum Weitermachen: Denkt euch selbst Karten aus und spielt noch einmal.

Stift schreiben Schule	**Kuh** Milch Gras	**Zeitschrift** lesen Bilder
Pommes Kartoffeln Ketchup	**Karneval** Fasching verkleiden	**Fisch** Aquarium Wasser
Buch lesen Buchstaben	**Lineal** Mathe Linien	**einkaufen** Kleidung Essen
Tomaten rot Hamburger	**Fahrrad** fahren schnell	**Fernsehen** schauen Filme
Kleber Kunst basteln	**Brot** essen Mehl	**3. Oktober** Feiertag Deutschland

Ostern Hase Schokolade	**Spaghetti** Nudeln lang	**Hund** Haustier Katze
Nikolaus 6. Dezember Stiefel	**Pferd** reiten Tier	**Radiergummi** Fehler Bleistift
Baum Holz Blätter	**Tafel** Lehrer schreiben	**Hamster** Haustier klein
Heiligabend Geschenke Tannenbaum	**schlafen** Bett Nacht	**Fußball** Tor Bundesliga
Tischtennis Schläger Ball	**fliegen** Vogel Himmel	**rennen** schnell Sport

Sprachhilfe

Beschreibe die Kategorie		Beschreibe das Wort	
	Es ist etwas zu essen./Man kann es machen./ Man kann es spielen. Es hat etwas zu tun mit … Es ist ein Adjektiv/Nomen/Verb. Es ist ein Wort./Es sind zwei/drei Wörter. Es ist lebendig/ein Ding.		Es sieht aus wie … Es ist groß/klein/rund/flach/… Man kann es (nicht) sehen. Es ist das Gegenteil von … Es ist (nicht) in diesem Raum. Man kann es in der Schule/im Wohnzimmer/ draußen finden.

© 2018 Cornelsen Verlag GmbH. Alle Rechte vorbehalten. Die Vervielfältigung dieser Seite ist für den eigenen Unterrichtsgebrauch gestattet. Nutzung sämtlicher Inhalte nur im Rahmen dieser Vorlage.
Schuett/Verrière • Binnendifferenzierte Sprechanlässe im DaZ-Unterricht.
Illustration: Dorina Tessmann

Ratespiel (Erweiterungslevel): Wörter erklären

Aufgabe:
Ihr spielt in zwei Teams.
Eine Person aus jedem Team muss den anderen das **fett** gedruckte Wort erklären.

Version 1: Ihr könnt die anderen Wörter auf der Karte zum Erklären benutzen, nur das **fett** gedruckte nicht.
Version 2: Ihr dürft beim Erklären keines der Wörter benutzen.
Version 3: Ihr bekommt zwei Punkte, wenn Ihr das fett gedruckte Wort ohne die Hilfe der anderen Wörter beschreibt. Ihr bekommt einen Punkt, wenn ihr die Wörter zum Beschreiben benutzt.

Entscheidet euch für eine Version, bevor ihr anfangt zu spielen. Euer Team kann Fragen stellen, die mit „ja“ oder „nein“ beantwortet werden können. Wenn ein Mitspieler das Wort errät, dann geht's weiter mit der nächsten Karte.
Zum Weitermachen: Denkt euch selbst Karten aus und spielt noch einmal.

Bananen Obst gelb gesund	**Hagel** weiß rund Winter	**Zahnschmerzen** Mund essen Arzt
bügeln Kleidung Brett heiß	**Mineralwasser** Kohlensäure trinken Flaschen	**Spülmaschine** sauber ausräumen Geschirr
Staubsauger schmutzig Boden elektrisch	**Blitz** Donner Himmel dunkel	**Frühling** Winter Herbst Jahreszeit
Kopfschmerzen Tablette sich schlecht fühlen Migräne	**Schwarzbrot** Bäcker Körner hart	**Kartoffel** rund Chips Pommes
Marmelade Brot süß Frühstück	**gebrochener Arm** Unfall Arzt Gips	**Rührei** Huhn gelb weiß

Waschmaschine Kleidung sauber nass	**Weintrauben** Obst weiß rot	**Sonne** Sommer Regenbogen warm
bewölkt Regen Himmel Wolken	**Oktoberfest** Lederhose Dirndl München	**Gurke** grün Gemüse Hamburger
glatt Winter kalt Straßen	**Nebel** Regen sehen grau	**Käse** essen Milch Kuh
Schnitzel Fleisch deutsch Essen	**Nudeln** essen Reis Spaghetti	**Karotten** Möhren orange Kaninchen
Schnee weiß Winter kalt	**aufräumen** Zimmer Ordnung sortieren	**Geschirr abtrocknen** nass Küche essen

Sprachhilfe 

Beschreibe die Kategorie	Es ist etwas zu essen./Man kann es machen./ Man kann es spielen. Es hat etwas zu tun mit … Es ist ein Adjektiv/Nomen/Verb. Es ist ein Wort./Es sind zwei/drei Wörter. Es ist lebendig/ein Ding.	**Beschreibe das Wort**	Es sieht aus wie … Es ist groß/klein/rund/flach/… Man kann es (nicht) sehen. Es ist das Gegenteil von … Es ist (nicht) in diesem Raum. Man kann es in der Schule/im Wohnzimmer/ draußen finden.

© 2018 Cornelsen Verlag GmbH. Alle Rechte vorbehalten. Die Vervielfältigung dieser Seite ist für den eigenen Unterrichtsgebrauch gestattet. Nutzung sämtlicher Inhalte nur im Rahmen dieser Vorlage.
Schuett/Verrère · Binnendifferenzierte Sprechanlässe im DaZ-Unterricht.
Illustration: Dorina Tessmann

Bingo

Aufgabe:
Jeder bekommt ein Bingospielblatt. Alle gehen im Klassenraum umher. Ziel ist es, jemanden zu finden, der auf die Frage mit „ja" antwortet. Notiere den Namen auf dem Spielblatt. Jeder Name kann nur einmal aufgeschrieben werden. Wenn eine Zeile, eine Spalte oder eine Diagonale ausgefüllt ist, ruf Bingo.
Es ist wichtig, in ganzen Sätzen zu fragen und auch zu antworten. Wenn du kannst, gib Beispiele: „Ja, ich lese gerne Comics." oder: „Ja, ich zeichne gerne Muster."

✂- -

Magst du ...?

schwimmen	lesen	Tiere	aufräumen
schlafen	Sport	Fernsehen schauen	Englisch sprechen
auf Bäume klettern	Tee trinken	Mathematik	Fahrrad fahren
Deutsch sprechen	schreiben	zeichnen	Eis essen

✂- -

Liest du?	Kennst du den Bundeskanzler oder die Bundeskanzlerin von Deutschland?	Putzt du dir abends die Zähne?	Weißt du, wie viele Menschen in Deutschland leben?
Isst du Fleisch?	Singst du gerne?	Schaust du die Nachrichten?	Lernst du für die Schule?
Kommst du mit dem Bus zur Schule?	Machst du immer deine Hausaufgaben?	Treibst du Sport?	Weißt du, wann der Tag der deutschen Einheit ist?
Hast du einen Bruder?	Kochst du gerne?	Isst du Fisch?	Kommst du zu Fuß zur Schule?

Unterrichtsgebrauch gestattet. Nutzung sämtlicher Inhalte nur im Rahmen dieser Vorlage. Schuett/Verrière - Binnendifferenzierte Sprachanlässe im DaZ-Unterricht.

Wortkette

Anleitung:

Eine Person fängt an und sagt ein Wort. Der linke Nachbar sagt ein Wort, welches er mit dem vorherigen Wort verbindet. Außerdem erklärt er kurz, warum das Wort zu dem vorher genannten passt.

Sprachstütze: Beispielsatzanfänge

- Ich finde das Wort passt gut, weil …
- Ich denke an …, weil …
- Das Wort, das … gesagt hat, erinnert mich an …, weil …

Alternativen:

- Alle Schüler stehen auf und nehmen sich nacheinander dran. Somit könnte jeder als Nächster sprechen müssen.
- Die Wörter können eingeschränkt werden. So können z. B. bestimmte Wortarten ausschließlich genutzt werden (z. B. Nomen oder Verben) oder die Inhalte können eingeschränkt werden (z. B. Essen, Deutschland).

© 2018 Cornelsen Verlag GmbH. Alle Rechte vorbehalten. Die Vervielfältigung dieser Seite ist für den eigenen Unterrichtsgebrauch gestattet. Nutzung sämtlicher Inhalte nur im Rahmen dieser Vorlage. Schuett/Verrière · Binnendifferenzierte Sprechanlässe im DaZ-Unterricht. Illustration: Dorina Tessmann

30-Sekunden-Präsentationen

Anleitung:

Alle Schüler bekommen zwei Zettel. Sie schreiben auf jeden ein Wort, das ihnen in den Sinn kommt. Dann werden alle Zettel in einer Tüte oder einem Umschlag gesammelt. Alle oder auch nur einzelne Schüler ziehen dann einen Zettel und sprechen für ca. 30 Sekunden über das Thema.

Sprachstütze: Beispielsatzanfänge

- Ich habe das Wort …
- Wenn ich an das Wort … denke, fühle ich mich …
- Ich mag … (nicht), weil …

Alternativen:

- Die Wörter können eingeschränkt werden. So können z. B. bestimmte Wortarten ausschließlich genutzt werden (z. B. Nomen oder Verben) oder die Inhalte können eingeschränkt werden (z. B. Essen, Deutschland).
- Die Sprechzeit kann angepasst werden.

© 2018 Cornelsen Verlag GmbH. Alle Rechte vorbehalten. Die Vervielfältigung dieser Seite ist für den eigenen Unterrichtsgebrauch gestattet. Nutzung sämtlicher Inhalte nur im Rahmen dieser Vorlage. Schuett/Verrière · Binnendifferenzierte Sprechanlässe im DaZ-Unterricht. Illustration: Dorina Tessmann

AB-Unterhaltung 13

Anleitung:

Die Lehrperson wählt vier Bilder aus, die sie auf einem Overheadprojektor oder mit einem Beamer zeigt. Die Schüler tun sich dann in Paaren zusammen, sodass einer von ihnen die Projektionsfläche sieht und der andere nicht. Nacheinander beschreiben die Schüler sich dann die gezeigten Bilder, die die Lehrperson einzeln auflegt. Sie können auch sagen, was sie mit dem Bild verbinden. Der zuhörende Schüler kann das Gehörte wiederholen.

Sprachstütze: Beispielsatzanfänge

- Ich sehe auf dem Bild …
- … erinnert mich an …

Alternativen:

Anstelle von Bildern können auch Wörter oder Sätze genutzt werden, um die Schüler zum Sprechen anzuregen.

Speeddating

Anleitung:
Die Schüler laufen im Klassenraum umher. Auf ein Zeichen der Lehrperson (Klatschen o. Ä.) bleiben die Schüler in Paaren stehen. Die Lehrperson gibt dann ein Thema vor, über das sich die Schüler ca. eine Minute unterhalten. Dann ertönt das Signal erneut, die Schüler laufen durch den Raum und finden beim nächsten Signal einen neuen Partner bzw. eine neue Partnerin. Sie bekommen dann ein neues Thema, über das sie sprechen sollen. Dies kann so oft wie gewünscht wiederholt werden.

<u>Mögliche Themen:</u>
- Letztes Wochende
- Etwas Lustiges, das kürzlich passiert ist
- Lieblingsfilm/-fernsehsendung
- Lieblingsmusik der Eltern
- Eine lustige/ungewöhnliche Information über sich selbst
- Erste Schritte in Deutschland
- Persönliche Träume
- Was wäre, wenn ich einen Wunsch frei hätte?
- Was wäre, wenn ich eine Superkraft hätte?
- Was wäre, wenn ich ein Tier wäre?

Die Themen können so gewählt werden, dass sie bestimmte sprachliche Bereiche abdecken (z. B. Zeiten) oder thematische Schwerpunkte bilden (z. B. Behördengänge, Leben in Deutschland).

Alternativen:
- Die Partnerwahl kann beeinflusst werden, z. B.: „Sprich mit jemandem, mit dem du nicht viel sprichst/mit dem du heute noch nicht gesprochen hast."
- Die Übung kann im „Kugellager" (s. S. 16), also ohne Herumlaufen, gemacht werden.
- Die Themen können von den Schülern vorgeschlagen werden.

✂---

Der letzte Buchstabe

Anleitung:
Die Lehrperson schreibt ein Thema an die Tafel. Die Schüler sollen nun ein Wort finden, das mit dem letzten Buchstaben des angeschriebenen Wortes anfängt und das zu dem Thema passt. Die Lehrperson notiert das Wort und die Schüler sollen nach dem gleichen Prinzip ein weiteres Wort finden. Nachdem auf diese Art und Weise einige Wörter gesammelt wurden, sind die Schüler aufgefordert zu erklären, wie die Wörter an der Tafel zusammenhängen.

<u>Beispiel:</u> Thema „Haustier**e**"
- Das nächste Wort ist: „**E**se**l**", das nächste Wort ist „**l**angweili**g**", das nächste Wort ist „**G**eld".

<u>Anschließende Erklärungen:</u>
- Ich finde Haustiere langweilig. Ich treffe mich lieber mit Freunden.
- Haustiere kosten viel Geld. Sie brauchen Futter.

Alternativen:
- Die Schüler können die Übung in Partnerarbeit machen. So können anschließend einzelne Sätze im Plenum vorgestellt werden.
- Anschließend können die Schüler ihren Sitznachbarn Geschichten erzählen, die so viele Wörter wie möglich beinhalten.

Kugellager

Anleitung:
Die Schüler stellen sich in zwei Kreisen – einem inneren und einem äußeren – auf, die jeweils gleich viele Schüler enthalten. Die Schüler im inneren Kreis schauen nach außen und die Schüler im äußeren Kreis schauen nach innen. So schauen sich jeweils zwei Schüler an (falls es nicht ganz hinkommt, arbeiten drei Schüler zusammen). Die Lehrperson gibt dann ein Wort, eine Aussage oder eine Frage vor, über die sich die Schüler für ca. eine Minute unterhalten. Hierbei kann so vorgegangen werden, dass nur die Schüler im inneren Kreis sprechen und die im äußeren zuhören und zusammenfassen. Dann werden die Rollen getauscht. Anschließend werden die Partner getauscht, indem die Schüler im äußeren Kreis eine Position nach rechts gehen.

Beispiel: Das Thema der Stunde ist „Verkehrsmittel“:
- Nimmst du gerne den Bus? Warum?
- Reist du lieber mit dem Zug oder dem Auto? Warum?
- Kommentiere: Fahrradfahren ist am besten für die Umwelt.

Mind-Maps

Anleitung:
Die Lehrperson kann an der Tafel eine Mind-Map gemeinsam mit den Schüler erstellen. Die Schüler können diese aber auch in Partner- oder Kleingruppenarbeit erarbeiten. In Mind-Maps werden zu einem Oberthema Unterthemen gesammelt und strukturiert. So entsteht eine Karte, die Themen zu einem Oberthema zusammenfasst. Auf diese Weise kann sehr gut Vorwissen aktiviert werden. Außerdem können Schüler, die wenig mit einem Thema anfangen können, neue Ideen von ihren Mitschülern bekommen und so Vokabular und Sprachstrukturen aktivieren bzw. dazulernen, um die eigentliche Aufgabe bewältigen zu können.

Beispiel: Das Thema der Stunde lautet „Meine Stadt“.

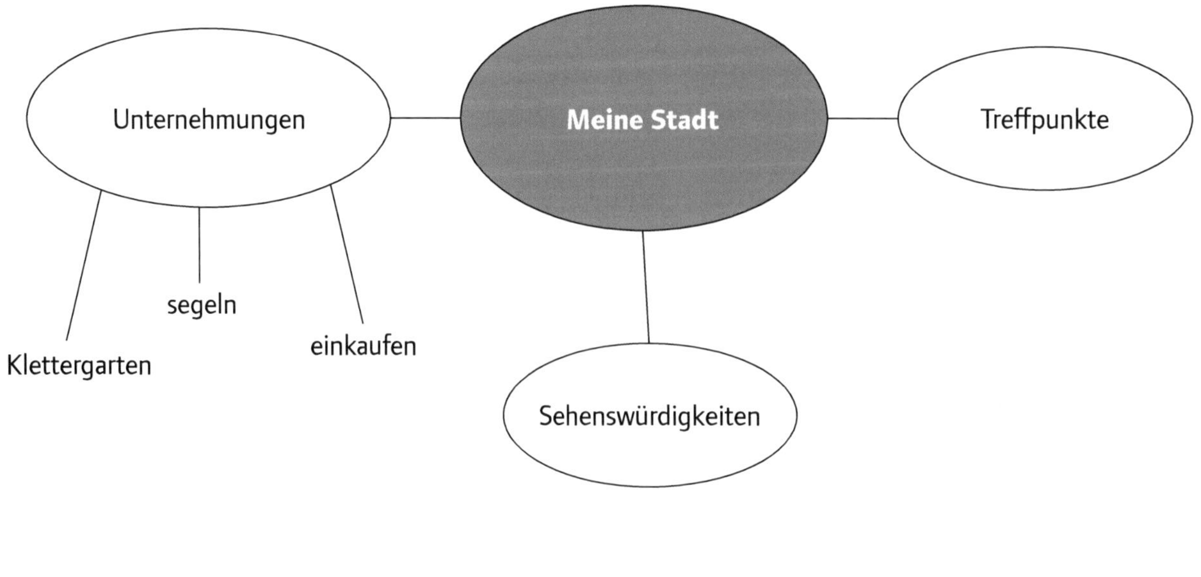

Satz-Wirrwarr: Schwimmbad

Aufgabe:
Arbeite mit einem Partner oder mit einer Partnerin.
1. Bringt die Sätze in eine Reihenfolge, sodass sie einen sinnvollen Dialog ergeben.
2. Lest den Dialog.
3. Schreibt einen neuen Dialog, der mindestens vier Sätze des Dialogs enthält.
4. Lest oder spielt den Dialog der Klasse vor.

Schüler/-in A	Schüler/-in B
A1: Wie geht es dir?	B1: Prima. Und dir?
A: Das Hallenbad neben der Schule?	B: Ich gehe ins Hallenbad.
A: Mir geht's auch gut. Was machst du heute nach der Schule?	B: Genau.
A: Alles klar. Bis dann.	B: Ich möchte schwimmen gehen.
A: Wo gehst du schwimmen?	B: Ich freue mich. Bis später.
A: Total gern. Wann wollen wir uns da treffen?	B: Gegen 16.00 Uhr?
A: Das hört sich echt gut an.	B: Möchtest du mitkommen?

Satz-Wirrwarr: Fernsehen

Aufgabe:
Arbeite mit einem Partner oder mit einer Partnerin.
1. Bringt die Sätze in eine Reihenfolge, sodass sie einen sinnvollen Dialog ergeben.
2. Lest den Dialog.
3. Schreibt einen neuen Dialog, der mindestens vier Sätze des Dialogs enthält.
4. Lest oder spielt den Dialog der Klasse vor.

Schüler/-in A	Schüler/-in B
A1: Wie geht's?	B1: Geht so. Mir ist langweilig.
A: Perfekt. So in 15 Minuten?	B: Normalerweise sehe ich solche Serien gern.
A: Irgendeine Zeichentrickserie.	B: Ich auch. Sollen wir uns im Park treffen?
A: Mir auch. Ich schaue gerade fern.	B: Alles klar, das schaffe ich. Kommst du mit dem Fahrrad?
A: Ja, das ist besser, als den ganzen Nachmittag Fernsehen zu schauen.	B: Klasse. Bis gleich.
A: Kann ich machen. Dann können wir noch zur Eisdiele fahren.	B: Was schaust du dir an?
A: Ich auch. Ich würde aber gern irgendetwas Aktiveres machen.	B: Stimmt. Dann sehen wir uns gleich?

Eine-Minute-Rede: Was denkst du?

Vorbereitung: Die Lehrperson sammelt im Plenum zusätzliche Themen, über die die Schüler kurz und spontan sprechen können. Je drei Schüler arbeiten in einer Gruppe. Sie schneiden die Karten aus und notieren die zusätzlichen Themen auf den angebotenen Blankokarten oder auf separaten Zetteln.

Aufgabe:

- Jedes Gruppenmitglied zieht eine Karte und hält eine „Eine-Minute-Rede" über das Thema auf der Karte **(fett gedruckter Begriff)**. Es geht darum, deine generelle Meinung zu dem Thema zu sagen oder deinen Mitschülern zu berichten, was du über das Thema weißt. Die Wörter unterhalb des Wortes kannst du benutzen, musst du aber nicht.
- Sprecht abwechselnd. Einer hält die Rede, ein anderer achtet auf die Zeit (eine Minute). Die dritte Person fasst nach der Rede die wesentlichen Punkte der Rede zusammen. Dann werden die Rollen gewechselt.

Smoothies Obst gesund Diät	**vegan** gesund beliebt keine tierischen Produkte	**Europa** viele Länder viele Kulturen viele Sprachen
soziale Netzwerke Freunde Kontakt teilen	**Schuluniform** Individualität Mobbing Aussehen	**Führerschein** Freiheit teuer eigenes Auto
Smartphone Apps kann alles Sucht	**rauchen** teuer Sucht Party	**Mobbing** unfair gefährlich allein
Handyverbot an Schulen sinnvoll unfair Ablenkung	**Klassenfahrt** Ziele Spaß Gemeinschaft	**Familie** wichtig Geschwister Verpflichtung

Bildbeschreibungen

Aufgabe:
Arbeite mit einem Partner oder einer Partnerin. Schaut beide auf das Bild.
Beschreibe etwas, das du auf dem Bild siehst. Du kannst beschreiben, wo es auf dem Bild ist, welche Form und welche Farbe es hat. Du darfst aber nicht sagen, was es ist, oder darauf zeigen. Dein Partner oder deine Partnerin muss erraten, was du beschreibst. Dann wechselt ihr die Rollen.

Bild: Im Park

Bild: Im Zoo

Dialogisches Sprechen: Rollenspiele

Beim dialogischen Sprechen geht es darum, die Schüler zur mündlichen Interaktion anzuregen. Hierzu können die Aufwärmübungen (s. S. 6 ff.) und die nachfolgenden Rollenspiele genutzt werden.

Die Rollenspiele können folgendermaßen binnendifferenziert werden:
Die Schüler können

- die Rollenspiele (schriftlich) detailliert vorbereiten und dann vorspielen oder sie können in eine relativ spontane Interaktion basierend auf dem Material hineingehen.
- Unterstützungskarten (siehe Rucksacksymbol) nutzen.
- sich streng oder flexibel an die Vorgaben der Aufgabenstellungen halten und so ihre individuellen Schwerpunkte setzen.
- die Aufgaben basierend auf ihren sprachlichen Kenntnissen qualitativ und quantitativ unterschiedlich ausgestalten.
- sich in der Gruppenerarbeitung gegenseitig unterstützen. So können leistungsschwächere Schüler von leistungsstärkeren lernen bzw. leistungsstärkere Schüler durch ihre Tutorenrolle profitieren. Wichtig hierbei ist, dass Arbeitsprozesse reflektiert werden (siehe einzelne Aufgaben und/oder Reflexionsbögen ab S. 61), damit ein Lernprozess bei allen Schülern nachhaltig stattfinden kann.

Die erarbeiteten Dialoge können je nach Bedarf bzw. Vorliebe frei vor der Klasse vorgetragen, in Kleingruppen oder Partnerarbeit präsentiert oder auch als Audio- oder Videoaufnahmen aufgenommen werden. Durch die Kleingruppen- bzw. Partnerarbeit und die elektronischen Aufnahmen könnten Schüler entlastet werden, die sich scheuen, frei vor der Klasse zu sprechen. Außerdem können Audio- und Videomaterialien im Anschluss genauer analysiert werden und es können so zum Beispiel grammatikalische Fehler oder Fehler in der Aussprache analysiert werden.
Bei diversen Aufgaben sind außerdem „anschließende Aufgaben" integriert, die eine Weiterarbeit an dem Thema schriftlich oder mündlich ermöglichen.

Insgesamt kann und muss davon ausgegangen werden, dass, insbesondere in unteren Jahrgängen, sich Lernende in der Erarbeitung der Rollenspiele zunächst zurückhalten bzw. in ihrer Muttersprache miteinander kommunizieren, falls es mehrere Sprecher der gleichen Sprache in einer Gruppe gibt. In diesem Fall würden die Lernenden auf ihre Muttersprache als Unterstützung im Zweitspracherwerb zurückgreifen – einen sogenannten *Scaffold*. Scaffolds können auch von den Lehrenden bewusst eingesetzt werden, indem beispielsweise Sprachvergleiche zwischen der deutschen Sprache und den in der Klasse gesprochenen Muttersprachen herangezogen werden oder auch Begriffe durch Bildimpulse sowie Umschreibungen unterstützt werden. Es ist eine hohe Kompetenz, metasprachlich einen Dialog zu planen. Ziel ist es, die Lernenden langsam an die deutschsprachige Interaktion untereinander heranzuführen, indem beispielsweise die Unterstützungskarten „Meinungen ausdrücken" (Rucksack 1 und 2, S. 49) frühzeitig thematisiert werden.

Im Anschluss können die Rollenspiele mithilfe der Bewertungs- und Reflexionsbögen (s. S. 61 ff.) durch Lehrende und Lernende reflektiert werden. So können sprachliche und gruppendynamische Prozesse in den Blick genommen werden.

Rollenspiel: Zum Arzt gehen

1, 3, 4, 9

Situationsbeschreibung:
Armin ist krank. Er muss mit seiner Mutter zum Arzt gehen. Was hat er nur? Ihr könnt die Informationen nutzen, aber auch kreativ sein.

Armin	Armins Mutter	Dr. Besser
• hat starke Schmerzen. • erklärt dem Arzt und seiner Mutter, was er hat/was passiert ist.	• macht sich Sorgen um Armin. • kann nicht gut Deutsch sprechen. Spricht auch in ihrer Muttersprache.	• ist sehr nett. • stellt viele Fragen. • erklärt viel.

Aufgabe: Gruppenarbeit (Grundlevel)

1. Sucht euch eine Rolle aus. **Schreibt** einen **Dialog** zwischen Armin, seiner Mutter und dem Arzt.
   - Was hat Armin? Was ist passiert?
   - Was sagt der Arzt?
2. **Lest** den **Dialog** in der Klasse vor.

Aufgabe: Gruppenarbeit (Erweiterungslevel)

1. Sucht euch eine Rolle aus. **Bereitet** einen **Dialog** zwischen Armin, seiner Mutter und dem Arzt **vor.**
   - Was hat Armin? Was ist passiert?
   - Was ist die Diagnose des Arztes? Was ist seine Empfehlung?
2. **Tragt** den **Dialog** in der Klasse **vor.** Sprecht frei.

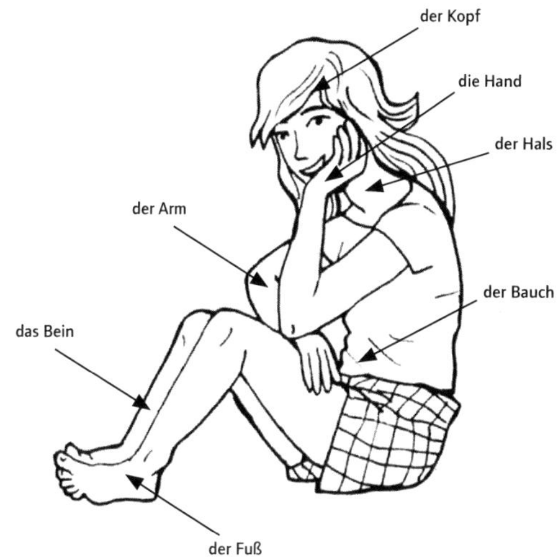

Bitte hier knicken

Beschwerden	• Mein Bein (n)/Arm (m)/Hals (m)/… tut (nicht) weh. • Ich habe (keine) Schmerzen (pl) im Bein/Arm/Hals … • Ich hatte einen Unfall (m). Ich habe mir mein Bein/meinen Arm/meinen Hals/… (nicht) verletzt. • Seit drei Tagen (pl)/einer Woche (f) fühle ich mich schlecht.	• Ich fühle mich … – gut. – schlecht. – schlapp. – müde. – fiebrig.
Diagnose	• Es ist (k)eine Bronchitis (f). • Es ist (k)ein gebrochener Arm/gebrochenes Bein. • Es ist (k)eine Grippe (f). • Es ist (k)eine Erkältung (f). • Du hast (kein) Fieber (n). • Du hast (k)einen Leistenbruch (m). • Du bist (nicht) ansteckend. • Du bist (nicht) gesund.	
Empfehlung	• Du brauchst (keine) Bettruhe (f). • Du musst (nicht) viel schlafen. • Du musst (keine) Medizin (f) nehmen. • Ich verschreibe dir … • Du darfst (nicht) zur Schule (f) gehen. • Du darfst (nicht) mit anderen in Kontakt (m) treten. • Du musst viele Vitamine (pl) essen.	

Rollenspiel: Haustiere

Situationsbeschreibung:
Elyas, Leyla and ihr Vater möchten ein Haustier haben. Sie mögen unterschiedliche Eigenschaften. Ihr könnt diese Informationen nutzen, aber auch kreativ sein.

Elyas	Leyla	Vater
• möchte mit dem Haustier spielen. • möchte nicht oft sauber machen. • hat nicht viel Zeit für das Haustier.	• möchte ein Tier mit weichem Fell. • kuschelt gern mit Tieren. • findet Saubermachen in Ordnung.	• möchte ein Tier, das nicht viel Dreck macht. • möchte, dass beide Kinder das Tier mögen.

Aufgabe: Gruppenarbeit (Grundlevel)
1. **Schreibt** einen **Dialog** zwischen Elyas, Leyla und ihrem Vater, in dem sie über ein Haustier sprechen.
   - Wer möchte welches Haustier?
   - Können sie sich einigen?
2. **Lest** den **Dialog** in der Klasse **vor.**

Aufgabe: Gruppenarbeit (Erweiterungslevel)
1. **Bereitet** einen **Dialog** zwischen Elyas, Leyla und ihrem Vater **vor,** in dem sie über ein Haustier sprechen.
   - Wer möchte welches Haustier?
   - Können sie sich einigen?
   - Beschreibt das Haustier ihrer Wahl (Adjektive/Adverbien).
2. **Tragt** den **Dialog** in der Klasse vor. Sprecht frei.

Anschließende Aufgabe: Stelle zuerst deinen Mitschülern alle Tiere in deiner Muttersprache vor. Dann erzähle von deinem Traum-Haustier. Stelle es schriftlich vor oder/und zeichne es. Beantworte die folgenden Fragen: Wie sieht es aus? Welche Farbe hat es? Wie groß ist es? Was frisst es? Was kann es? Welcher Name könnte passen? Präsentiere dein Haustier deinen Mitschülern in einer kleinen Gruppe.

	*Henry (ein kleiner Hund)* • ein Jahr alt • freundlich und schlau • etwas dick • ist nicht gerne alleine		*Charlie (eine Kornnatter)* • sehr ruhig und klein • Käfig muss oft sauber gemacht werden • frisst kleine Mäuse
	*Bea (ein Meerschweinchen)* • zwei Jahre alt • lebt in einem Käfig • man kann mit ihr spielen • hat langes, weiches Fell		*Hüpfi (ein Kaninchen)* • mag Mohrrüben • ist schüchtern • braucht Ruhe • hat Angst vor Menschen
	*Moritz (eine Katze)* • rennt viel • schläft auf dem Sofa • ist gerne im Garten • mag keine Hunde		*Betty (eine schwarze Ratte)* • 2 Jahre alt • schlau • frisst alles • kann Tricks lernen

Rollenspiel: Das neue Fahrrad

Situationsbeschreibung:

Sara freut sich schon sehr auf ihren Geburtstag. Sie wünscht sich ein neues Fahrrad. Sie erzählt diesen Wunsch ihren Eltern, die nicht begeistert sind. Hier seht ihr, was Sara und ihre Eltern denken. Ihr könnt die Informationen nutzen, aber auch kreativ sein.

Sara	Mutter	Vater
• findet ihr altes Fahrrad nicht mehr schön. • möchte mit ihrer Freundin Merve zusammen zur Schule fahren.	• findet es gefährlich, mit dem Rad zur Schule zu fahren. • denkt, dass das alte Fahrrad noch gut funktioniert.	• möchte Geld sparen. • findet es gut, dass Sara alleine zur Schule fahren möchte.

Aufgabe: Gruppenarbeit (Grundlevel)

1. **Schreibt** einen **Dialog** zwischen Sara und ihren Eltern, in dem sie über ein neues Fahrrad reden.
   - Wie einigen sie sich?
2. **Lest** den **Dialog** in der Klasse **vor.**

Aufgabe: Gruppenarbeit (Erweiterungslevel)

1. **Bereitet** einen **Dialog** zwischen Sara und ihren Eltern vor, in dem sie über ein neues Fahrrad reden.
   - Beschreibt Saras Traumfahrrad.
   - Wie einigen sie sich?
2. **Tragt** den **Dialog** in der Klasse **vor.** Sprecht frei.

Anschließende Aufgabe: Hast du schon einmal das perfekte Fahrrad beschrieben? Arbeite mit einem Wörterbuch und finde die passenden Vokabeln heraus. Beschreibe dann dein perfektes Fahrrad.

© 2018 Cornelsen Verlag GmbH. Alle Rechte vorbehalten. Die Vervielfältigung dieser Seite ist für den eigenen Unterrichtsgebrauch gestattet. Nutzung sämtlicher Inhalte nur im Rahmen dieser Vorlage. Schuett/Verrière · Binnendifferenzierte Sprechanlässe im DaZ-Unterricht. Illustration: Dorina Tessmann

Rollenspiel: Verabredungen

Situationsbeschreibung:

Lara, Tarek und Ben müssen in der nächsten Woche an einem Schulprojekt für das Fach Deutsch zusammenarbeiten. Sie haben alle nicht viel Zeit. Können sie trotzdem einen Termin finden?

Lara	Tarek	Ben
• spielt montags von 14.30 Uhr bis 16.00 Uhr Fußball. • hat am Wochenende oft Turniere. • muss mittwochs bis 14.30 Uhr in der Schule bleiben.	• spielt Gitarre. • übt nach der Schule jeden Tag eine Stunde Gitarrespielen. • spielt freitags und samstags gerne Computerspiele.	• muss jeden Nachmittag bis 16.00 Uhr auf seinen kleinen Bruder aufpassen. • hat Montag- und Mittwochnachmittag Schwimmtraining. • hat dienstagabends Mathematiknachhilfe.

Aufgabe: Gruppenarbeit (Grundlevel)

1. **Schreibt** einen **Dialog** zwischen Lara, Tarek und Ben, in dem sie ihre Kalender vergleichen und einen Termin finden.
2. **Lest** den **Dialog** in der Klasse **vor.**

Aufgabe: Gruppenarbeit (Erweiterungslevel)

1. **Bereitet** einen **Dialog** zwischen Lara, Tarek und Ben vor, in dem sie ihre Kalender vergleichen und einen Termin finden.
2. **Tragt** den **Dialog** in der Klasse **vor.** Sprecht frei.

Anschließende Aufgabe: Bereite deinen eigenen Wochenplan mit deinen Aktivitäten vor. Erzähle einem Partner oder einer Partnerin, was du normalerweise jede Woche machst. Versucht dann, einen Termin für ein Treffen zu finden.

Rollenspiel: Jemandem den Weg erklären

Situationsbeschreibung:

Pascale, Stefano und Laura sind in der Innenstadt. Sie wollen sich ein Eis kaufen und etwas bummeln gehen. Plötzlich kommt ein Tourist auf sie zu und fragt sie auf Deutsch, wie er zu seinem Hotel kommt. Was ist der beste Weg zum Hotel? Hier findet ihr einige Vorschläge, aber ihr könnt auch kreativ sein.

Pascale	Stefano	Laura
• „Am besten laufen Sie zu Fuß." • „Es ist ein netter Spaziergang durch die Innenstadt." • „Sie können Sehenswürdigkeiten auf dem Weg entdecken."	• „Am besten leihen Sie sich ein Stadt-Fahrrad." • „Fahrradfahren ist gut für die Gesundheit und für die Umwelt." • „Fahrradfahren ist der schnellste und bequemste Weg zu Ihrem Hotel."	• „Am besten nehmen Sie die U-Bahn." • „Die Stadt hat ein gut ausgebautes U-Bahn-Netz." • „Kaufen Sie sich doch gleich eine Wochenkarte, wenn Sie länger in der Stadt bleiben."

Aufgabe: Gruppenarbeit (Grundlevel)

1. **Schreibt** einen **Dialog** zwischen Pascale, Stefano und Laura.
2. **Lest** den **Dialog** in der Klasse **vor.**

Aufgabe: Gruppenarbeit (Erweiterungslevel)

1. **Bereitet** einen **Dialog** zwischen Pascale, Stefano und Laura **vor.** Benutzt die Karte (unten) und gebt konkrete Richtungsanweisungen. Macht euch **Stichpunkte.**
2. **Tragt** den **Dialog** in der Klasse **vor.** Sprecht frei.

Anschließende Aufgabe: Schreibt eine Zusammenfassung aus Sicht des Touristen. Benutzt die Vergangenheitsform und erklärt, wie er zu seinem Hotel gekommen ist.

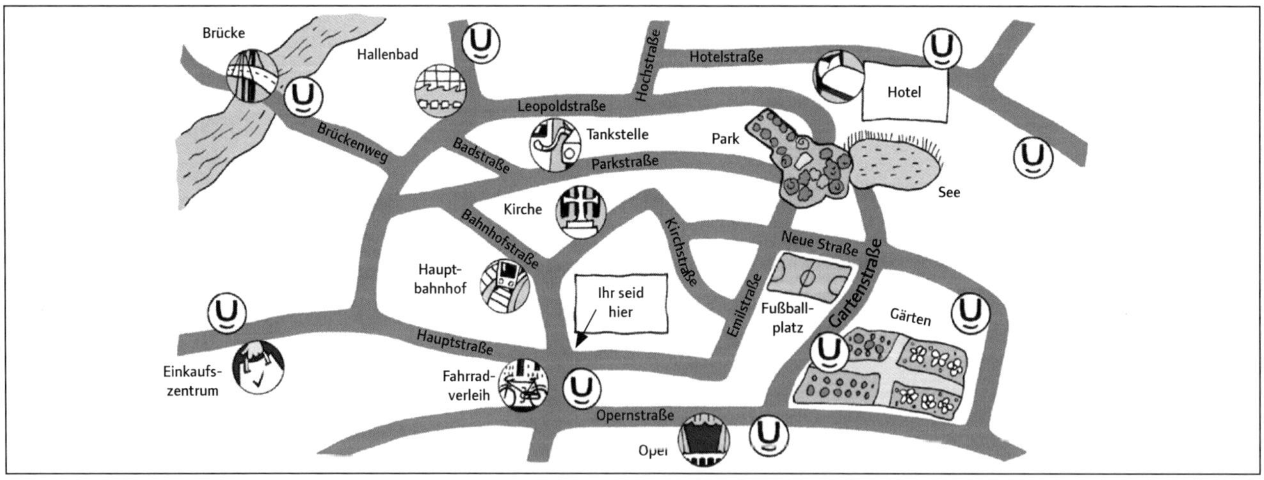

Bitte hier knicken

Jemandem den Weg erklären	**Sie müssen/sollten (nicht) ...** • geradeaus gehen. • links/rechts abbiegen. • die Kreuzung (f) überqueren. • die Straße (f) überqueren.	• an der Ecke (f) ... • gegenüber dem Gebäude (n) ... • an der U-Bahn-Haltestelle (f) ... • bei der Tankstelle (f) ... • beim Fahrradverleih (m) ...

Rollenspiel: Ein Paket in die Heimat schicken

Situationsbeschreibung:

Nadia, Elif und Enes sind Geschwister und wollen ein Paket mit typisch deutschen Dingen zu ihrer Familie in ihrem Heimatland schicken. Sie überlegen, was sie schicken wollen. Das Paket darf nicht zu groß werden, da es sonst zu teuer wird. Hier findet ihr Ideen, ihr könnt aber auch kreativ sein.

Nadia	Elif	Enes
• „Ich möchte gerne typisch deutsches Gebäck wie Stollen und Lebkuchen backen.“ • „Ich finde deutsche Schokolade gut.“ • „Ich möchte gerne einen Kalender mit Fotos basteln.“	• „Ich backe nicht gerne selber.“ • „Ich möchte gerne einen Weihnachtsstern basteln.“ • „Ich fotografiere gerne und möchte Fotos aus Deutschland schicken.“	• „Ich finde eine Weihnachtsdekoration nicht gut, da wir nicht Weihnachten feiern.“ • „Ich möchte gerne ein deutsches Spiel verschicken.“ • „Ich finde selbst gemachte Geschenke besser als gekaufte.“

Aufgabe: Gruppenarbeit (Grundlevel)

1. **Schreibt** einen **Dialog** zwischen Nadia, Elif und Enes, in dem sie den Inhalt des Pakets besprechen.
   - Worauf einigen sie sich?
2. **Lest** den **Dialog** in der Klasse **vor.**

Aufgabe: Gruppenarbeit (Erweiterungslevel)

1. **Bereitet** einen **Dialog** zwischen Nadia, Elif und Enes **vor,** in dem sie den Inhalt des Pakets besprechen.
   - Nehmt noch zwei weitere Dinge in den Dialog auf, die geschickt werden könnten.
   - Macht ein Schaubild von dem Paket und nutzt es, um den Dialog vorzutragen.
2. **Tragt** den **Dialog** in der Klasse **vor.** Sprecht frei.

Anschließende Aufgabe: Überlegt, was für Deutsche und Deutschland typisch ist. Beantwortet die folgenden Fragen: Welche deutschen Stereotypen kennst du? Stimmst du ihnen zu? Was dachtest du über Deutsche, bevor du hierher gekommen bist? Stimmt das? Schreibt einen kurzen Kommentar oder bereitet ein Poster zu dem Thema vor, das ihr in der Klasse vorstellen könnt.

Rollenspiel: Eine Party planen

1, 5, 8, 9

Situationsbeschreibung:

Michelle, Sena und Ferit wollen eine Party planen, zu der sie möglichst viele neue deutsche und internationale Freunde einladen wollen. Hier seht ihr, was sie gerne möchten. Ihr könnt die Informationen nutzen, aber auch kreativ sein.

Michelle	Sena	Ferit
• „Ich möchte Spiele spielen.“ • „Ich kann mein Lieblingsessen für alle kochen.“	• „Ich will tanzen!“ • „Ich möchte typisch deutsche Spiele spielen.“	• „Ich mag laute Musik.“ • „Ich möchte die Party draußen machen.“

Aufgabe: Gruppenarbeit (Grundlevel)

1. **Schreibt** einen **Dialog** zwischen Michelle, Sena und Ferit, in dem sie die Party planen.
   - Wo machen sie die Party?
   - Was machen sie auf der Party?
2. **Lest** den **Dialog** in der Klasse **vor.**

Aufgabe: Gruppenarbeit (Erweiterungslevel)

1. **Bereitet** einen **Dialog** zwischen Michelle, Sena und Ferit **vor,** in dem sie die Party planen.
   - Beschreibt den Ort, die Aktivitäten und die Dekoration.
   - Findet weitere gute Partyspiele.
2. **Tragt** den **Dialog** in der Klasse **vor.** Sprecht frei.

Anschließende Aufgabe: Michelle, Sena und Ferit hatten viel Spaß auf ihrer Party. Fasst schriftlich zusammen, was ihnen gefallen und was ihnen nicht gefallen hat.

Bitte hier knicken

Ort	Wo können/sollen wir die Feier machen?	**Wir sollten die Party (nicht) … machen.** • bei Sena zu Hause • in Michelles Garten • in einem Park • im Freibad		**Ort**
Partyaktivitäten	Hast du/Habt ihr irgendwelche Ideen?	**Wir könnten …/Wir sollten (nicht) …/Ich würde gerne/ungern …** • einen Karaokewettbewerb machen. • zu guter Musik tanzen. • viele Fotos machen. • internationale Gerichte kochen.	• einen Film anschauen. • einen Film drehen. • Fussball spielen. • draußen ein Picknick machen. • viele Spiele zusammen spielen.	**Partyaktivitäten**
Spiele	Was denkst du/denkt ihr, was wir tun sollten? Was möchtest du/möchtet ihr machen?	**Wir könnten … spielen./ Wir sollten (nicht) … spielen.** • Verstecken • Tat oder Wahrheit • Flaschendrehen	**Wir könnten … machen./ Wir sollten … machen.** • (k)eine Kissen-/Wasserbomben-schlacht • (k)eine Schatzsuche	**Spiele**
Dekoration		**Wir könnten … kaufen./Wir sollten (keine) … kaufen.** • Ballons, Konfetti, Girlanden, Kerzen • Teller, Besteck, Messer, Gabeln, Löffel, Becher		**Dekoration**

Rollenspiel: Eine Abschiedsparty planen

3, 5, 8, 13

Situationsbeschreibung:

Aisha, Mohammed und Emma wollen eine Abschiedsparty für Israa organisieren. Hier findet ihr Ideen, ihr könnt aber auch kreativ sein.

Aisha	Mohammed	Emma
• „Ich hätte gerne einen DJ." • „Ich möchte eine schöne Dekoration für die Tanzfläche haben." • „Ich möchte ganz viele Freunde einladen."	• „Ich würde gerne eine Band engagieren." • „Ich möchte Gerichte aus vielen Ländern selber machen." • „Ich esse kein Fleisch."	• „Ich würde sehr gerne grillen." • „Ich würde gerne draußen am See feiern." • „Ich möchte nur mit den engsten Freunden feiern."

Aufgabe: Gruppenarbeit (Grundlevel)

1. **Schreibt** einen **Dialog** zwischen Aisha, Mohammed und Emma, in dem sie die Party planen.
   - Wo soll die Party stattfinden?
   - Was sollen sie auf der Party machen?
2. **Lest** den **Dialog** in der Klasse **vor.**

Aufgabe: Gruppenarbeit (Erweiterungslevel)

1. **Bereitet** einen **Dialog** zwischen Aisha, Mohammed und Emma **vor,** in dem sie die Party planen.
   - Wo soll die Party stattfinden?
   - Was sollen sie auf der Party machen?

Achtet auf die korrekte Verwendung des Konjunktivs II.

2. **Tragt** den **Dialog** in der Klasse **vor.** Sprecht frei.

Bitte hier knicken

Ort	Wo können/sollen wir die Feier machen?	**Wir sollten die Party (nicht) ... machen,** • zu Hause • draußen • in einem Restaurant • an einem See	**da/weil ...** • meine Eltern da sind. • das Wetter schlecht sein könnte. • das zu teuer wäre. • andere Leute vielleicht auch da sind. • Strandpartys toll sind.	**Ort**
Partyaktivitäten	Hast du/Habt ihr irgendwelche Ideen?	**Wir könnten .../Wir sollten .../Ich würde gerne/ungern ...** • (k)einen Tanzwettbewerb machen. • viele Fotos machen. • (keinen) Alkohol trinken. • (k)eine Übernachtungsparty machen.	• (k)einen Film schauen. • (nicht) nur Rumsitzen. • (nicht) (zu) viele Gäste haben. • (nicht) unsere Eltern in der Nähe haben. • (nicht) draußen picknicken.	**Partyaktivitäten**
Spiele	Was denkst du/denkt ihr, was wir tun sollten?	**Wir könnten .../Wir sollten (nicht) ...** • (Karten)spiele spielen. • Tat oder Wahrheit spielen. • Flaschendrehen machen.	• ein Fußballturnier machen. • Beachvolleyball spielen. • schwimmen gehen.	**Spiele**
Dekoration	Was möchtest du/möchtet ihr machen?	**Wir könnten ... haben./Wir sollten ... (nicht) haben.** • Ballons, Konfetti, Girlanden, Kerzen • Teller, Besteck, Messer, Gabeln, Löffel, Becher		**Dekoration**

Rollenspiel: Berlin besuchen

1, 5, 7, 8

Situationsbeschreibung:

Senem, Khan und Tobias wollen einen Ausflug mit Freunden nach Berlin machen. Sie planen einen Tag zusammen. Hier seht ihr, was sie möchten. Ihr könnt die Informationen nutzen, aber auch kreativ sein.

Senem	Khan	Tobias
• läuft gerne in Städten umher. • möchte eine Bootstour auf der Spree machen.	• interessiert sich für die deutsche Geschichte und möchte den West- und den Ostteil der Stadt besuchen. • fährt nicht gerne Boot.	• möchte auf den Fernsehturm. • interessiert sich für Geschichte und möchte zum Holocaust-Mahnmal.

Aufgabe: Gruppenarbeit (Grundlevel)

1. **Schreibt** einen **Dialog** zwischen Senem, Khan und Tobias, in dem sie den Tag planen.
   - Was möchten sie tun?
   - In welcher Reihenfolge tun sie es?
2. **Lest** den **Dialog** in der Klasse **vor.**

Aufgabe: Gruppenarbeit (Erweiterungslevel)

1. **Bereitet** einen **Dialog** zwischen Senem, Khan und Tobias **vor,** in dem sie den Tag planen.
   - Was möchten sie tun?
   - In welcher Reihenfolge tun sie es?
   - Denkt euch eine weitere Sehenswürdigkeit aus.
2. **Tragt** den **Dialog** in der Klasse **vor.** Sprecht frei.

Anschließende Aufgabe: Nach dem Ausflug besprechen die Jugendlichen, wie ihnen der Tag gefallen hat. Entwerft einen weiteren Dialog, in dem Senem, Khan und Tobias sich erzählen, was ihnen besonders gut und was ihnen nicht so gut gefallen hat.

Bitte hier knicken

<table>
<tr><td>Bootstour</td><td rowspan="4">Kannst du mir etwas über … erzählen?

Was ist besonders an …?</td><td>• Es gibt verschiedene Anbieter.
• Die Touren dauern ca. eine Stunde oder länger.
• Sie kosten mindestens 10 Euro.
• Vom Fluss aus kann man viele Sehenswürdigkeiten sehen (z. B. Reichstag, Nikolaiviertel).</td><td rowspan="4">Wir können/ sollten (nicht) …

Lass uns (nicht) …

Ich würde gerne/ ungern …</td><td rowspan="4">• vom Fernsehturm die Stadt überblicken.
• an der ehemaligen Grenze von Ost- und Westberlin stehen.
• eine Bootstour machen und die Stadt vom Wasser aus sehen.
• viele Andenken kaufen.
• viele Fotos machen.
• eine Currywurst am Alex essen.</td></tr>
<tr><td>Checkpoint Charlie</td><td>• Checkpoint Charlie ist ein ehemaliger Grenzübergang zwischen Ost- und Westberlin.
• Es gibt ein Mauermuseum, in dem Fotografien ausgestellt sind.</td></tr>
<tr><td>Fernsehturm Alex</td><td>• Er ist 37 m hoch.
• Es gibt ein Restaurant in der Kugel.
• Man sollte vorher online Karten kaufen.
• Man hat eine tolle Aussicht über die Stadt.</td></tr>
<tr><td>Holocaust-Mahnmal</td><td>• Das Mahnmal erinnert an den Holocaust.
• Das Mahnmal liegt sehr zentral.
• Der Eintritt ist frei.
• Es besteht aus Steinen, die unterschiedlich hoch sind.</td></tr>
</table>

Rollenspiel: Einer AG beitreten   

Situationsbeschreibung:
Du und zwei deiner Freunde haben sich entschlossen, einer Schul-AG (Arbeitsgemeinschaft bzw. Nachmittagsangebot) beizutreten. Die Frage ist nur: Welcher AG wollt ihr beitreten?

Aufgabe I: Gruppenarbeit
Diskutiert: Welche AGs gibt es an eurer Schule? Was wisst ihr über die AGs? Welche AGs gibt es (noch) nicht, die ihr aber wichtig fändet? Welche AGs eignen sich für welche Schüler?

Welche AGs gibt es an eurer Schule?	**Welche AGs eignen sich für welche Schüler?**
• Theater-AG	• kreative Schüler mit Bühnenpräsenz
• Fußball-AG	• sportliche Schüler mit Teamgeist

Aufgabe II: Gruppenarbeit (Grundlevel)
1. **Schreibt** einen **Dialog.** Sprecht über die Vor- und Nachteile der verschiedenen AGs. Einigt euch auf eine AG, der ihr beitreten möchtet.
   - Welche AGs gibt es? Was sind die Vor- und Nachteile für euch?
   - Welcher AG wollt ihr beitreten?
2. **Lest** den **Dialog** in der Klasse **vor.**

Aufgabe II: Gruppenarbeit (Erweiterungslevel)
1. **Bereitet** einen **Dialog vor.** Sprecht über die Vor- und Nachteile der verschiedenen AGs. Einigt euch auf eine AG, die ihr neu gründen wollt.
   - Welche AGs gibt es? Was sind die Vor- und Nachteile für euch?
   - Welcher AG wollt ihr beitreten? Beschreibt die AG, die ihr gründen wollt.
2. **Tragt** den **Dialog** in der Klasse **vor.** Sprecht frei.

- - - - - - - - Bitte hier knicken - - - - - - - -

Nützliche Redewendung

Ich	würde	(nicht)	gerne	einer AG	beitreten.
	Konjunktiv II	*Verneinung*		*Dativ*	*Infinitiv*

Fragen/Aufforderungen	**Aussagen**	
Was sind deine Stärken/Schwächen? *Nominativ* Bist du ehrgeizig/aggressiv/sozial/...? *Adjektiv* Mach mit! Komm in unser Team! *Imperativ* Bist du ein Teamspieler? *Nominativ*	Ich spiele Theater in einer Theater-AG. Ich spiele Fußball in einer Fußball-AG. Ich spiele Schach in einer Schach-AG. *Akkusativ* *Präposition* *Dativ* Ich mag den Druck/die Verantwortung (nicht). *Akkusativ* *Verneinung*	
	Ich bin ... (Adjektiv) • schnell/langsam. • stark/schwach. • (nicht) intelligent. • (nicht) künstlerisch.	Ich kann ... (Adverb) • (nicht) logisch denken. • (nicht) gut im Team arbeiten. • (nicht) selbstbewusst auftreten.

Rollenspiel: Interviews über Herkunftsländer

Situationsbeschreibung:

In eurer Stadt findet die „internationale Woche“ statt. Junge Leute sollen über ihre Heimatländer bzw. die Länder ihrer Familien befragt werden, um mehr Verständnis und Interesse in der Bevölkerung zu erzeugen. Auf der Rückseite findet ihr einige Vorschläge, aber ihr könnt auch kreativ sein.

Aufgabe: Gruppenarbeit

1. Arbeitet in einer Gruppe von vier Schülern.
   Erstellt ein Platzdeckchen (siehe Rucksack 17) und folgt dem Schema:
   - **Einzelarbeit:** Denkt euch in Einzelarbeit gute Interviewfragen zu euern Heimatländern aus.
   - **Austausch:** Tauscht euch mit euren Gruppenmitgliedern über eure Fragen aus.
   - **Ergänzungen:** Tragt die besten zehn Fragen im Mittelfeld des Platzdeckchens zusammen.
2. Bildet zwei Pärchen aus eurer Gruppe. Einer ist der Interviewer und stellt die Fragen aus dem Gruppenprojekt. Der andere muss auf die Fragen antworten. Wenn ihr auf eine der Fragen nicht antworten könnt, dann bittet um die nächste Frage.
3. Wenn ihr fertig seid, dann bildet ein neues Pärchen aus eurer Vierergruppe. Achtet darauf, dass ihr nun die jeweils andere Rolle einnehmt (Interviewer – Befragter).

Anschließende Aufgabe: Schreibt alle Informationen aus den Interviews über eines der Länder auf.

Bitte hier knicken

Mögliche Themen	Mögliche Fragen	Mögliche Antworten
· Geografie · Geschichte · Klima · Politik · Landschaft · Sprache · Kultur · Traditionen · Feiertage · Musik · Essen · Trinken · Sport · Mode · Kleidung	· Wo liegt das Land? (Kontinent/Nachbarländer/Hauptstadt/große Städte) · Welche Sprache wird in dem Land gesprochen? Was ist die Amtssprache/Nationalsprache? Gibt es regionale Dialekte? · Wie ist das Wetter? · Was trinken die Menschen dort? · Was essen die Menschen dort? · Gibt es traditionelle Kleidung? Wie sieht diese aus?	· … liegt in Afrika./Nachbarländer sind …/ Die Hauptstadt ist …/Große Städte sind … · In … wird … gesprochen./Die Amtssprache ist …/ Es gibt viele regionale Dialekte wie … (Redet: Wie hört sich die Sprache an?) · Meistens ist es heiß/warm/kalt/nass/grau/stickig windig/… · Oft trinken die Leute schwarzen Tee/Wasser/ Kaffee/Wein/Schnaps/… · Das Nationalgericht ist …/Die Menschen essen kein Schweinefleisch/ … · Traditionell tragen die Leute …

Rollenspiel: Die neue Heimat

Situationsbeschreibung:
Junis, Mayla und Amira sind mit ihren Familien neu in Deutschland. Seit einigen Wochen gehen sie alle in die gleiche Klasse und tauschen sich darüber aus, was sie bis jetzt in Deutschland erlebt haben. Sie diskutieren über die ersten wichtigen Schritte in einer neuen Heimat. Hier findet ihr einige Vorschläge, aber ihr könnt auch kreativ sein.

Junis	Mayla	*Amira*
• „Ich finde das Einleben sehr schwer. Alles ist anders." • „Ich wollte nicht weg von zu Hause. Ich vermisse meine Freunde."	• „Am besten findet man schnell neue Freunde. Das hilft!" • „Ich finde die neue Heimat aufregend."	• „Ich konzentriere mich auf die Schule. Da will ich gut sein." • „Ich glaube, man kann überall glücklich sein, solange man mit seiner Familie zusammen ist."

Aufgabe: Gruppenarbeit (Grundlevel)

1. **Schreibt** einen **Dialog** zwischen Junis, Mayla und Amira, in dem sie die ersten Schritte in der neuen Heimat besprechen.
   - Was ist für sie wichtig?
2. **Lest** den **Dialog** in der Klasse **vor.**

Aufgabe: Gruppenarbeit (Erweiterungslevel)

1. **Bereitet** einen **Dialog** zwischen Junis, Mayla und Amira **vor,** in dem sie die ersten Schritte in der neuen Heimat besprechen.
   - Was ist für sie wichtig?
   - Wie fühlen sie sich?
2. **Tragt** den **Dialog** in der Klasse **vor.** Sprecht frei.

Anschließende Aufgabe: Schreibt einen Bericht aus der Perspektive von Junis, Mayla oder Amira, in dem ihr die ersten Wochen in der neuen Heimat festhaltet. Schreibt über positive Erfahrungen und Herausforderungen.

Kannst du mir etwas über deine alte Heimat erzählen? *Was ist dir besonders wichtig in der neuen Heimat?* *Was findest du gut/ schwierig an dem neuen Leben?*	**Ich vermisse … (nicht/ein bisschen/manchmal/selten).** • meine Freunde • meine Schule • meine Hobbys	 • meine Großeltern • meine Sprache • meine Kultur • mein Zuhause	*Erzähl mal, wie du hierher gekommen bist.* • Zuerst … • Dann … • Danach … • Anschließend … • Als Nächstes … • Daraufhin … • Schließlich …
	Ich freue mich (nicht) auf … • neue Freunde. • ein anderes Leben. • die neue Sprache. • ein neues Zuhause.	**Ich freue mich (nicht) darauf, …** • Neues zu lernen. • Möglichkeiten/Perspektiven zu haben. • neue Sachen zu bekommen (Bücher, Kleidung/…).	

Rollenspiel: Die neue Schule

5, 7, 9, 12

Situationsbeschreibung:

In eurer Klasse gibt es einen neuen Schüler aus Syrien. Er heißt Arif. Die Lehrerin bittet zwei Schüler, sich etwas um Arif zu kümmern und ihm die Schule zu zeigen. Wie können Karsten und Fatma Arif helfen? Welche Informationen braucht Arif über die Schule? Hier findet ihr Ideen, ihr könnt aber auch kreativ sein.

Arif	Karsten	Fatma
• „Ich kann nicht so gut Deutsch sprechen." • „Ich würde gerne an einer AG teilnehmen." • „Ist die Schule schwierig?"	• „Arif findet bestimmt schnell Freunde." • „Die meisten Lehrer sind nett." • „Ich habe viele Ideen, was Arif in den Pausen machen kann."	• „Ich lerne auch gerade Deutsch. Ich kann Arif helfen." • „Ich kenne mich gut mit den AGs aus." • „Einige Lehrer sind nicht so nett."

Aufgabe: Gruppenarbeit (Grundlevel)

1. **Schreibt** einen **Dialog** zwischen Arif, Karsten und Fatma, in dem sie Arif unterstützen.
   - Was sollte Arif machen, um in der Schule gut anzukommen?
2. **Lest** den **Dialog** in der Klasse **vor.**

Aufgabe: Gruppenarbeit (Erweiterungslevel)

1. **Bereitet** einen **Dialog** zwischen Arif, Karsten und Fatma **vor,** in dem sie Arif unterstützen.
   - Was sollte Arif machen, um in der Schule gut anzukommen?
   - Was sollte Arif vermeiden, um in der Schule gut anzukommen?
2. **Tragt** den **Dialog** in der Klasse **vor.** Sprecht frei.

Bitte hier knicken

Eine Unterhaltung anfangen	• Hi/Hallo. • Wie heißt du? • Ich heiße … • Alles in Ordnung? • Wie geht's (dir)? • Schön, dich kennenzulernen.
Jemanden beruhigen	• Mach dir keine Sorgen. • Das wird schon. • Keine Panik. • Sei nicht traurig. Wir kriegen das schon hin.
Jemanden über etwas informieren	• Du solltest wissen, dass … • Es könnte nützlich sein, dass du weißt … • Vielleicht solltest du auch wissen, dass … • Bitte vergiss nicht … • Du solltest auf … aufpassen. • Achte darauf …

Rollenspiel: Die neue Schülerin

Situationsbeschreibung:
Beata ist neu in der Klasse. Sie ist gerade erst mit ihren Eltern in deine Stadt gezogen. Du sollst Beata deine Lieblingsorte in der Stadt zeigen, damit sie sich schneller eingewöhnen kann.

Aufgabe:
1. Arbeite mit einem Partner oder einer Partnerin zusammen.
2. Legt alle Karten verdeckt vor euch auf den Tisch. Auf den Karten sind Schlüsselbegriffe notiert, die euch dabei helfen sollen, Beata Tipps zu geben.
3. Einer von euch fängt an und zieht eine Karte. Tauscht euch über das Thema aus und redet über eure Stadt. Wenn ihr aus verschiedenen Orten kommt, dann gebt Beata Ratschläge für beide Orte. Überlegt, ob das Thema interessant für Beata sein könnte. Dann zieht der andere eine Karte und beginnt über das nächste Thema zu reden. Jeder von euch sollte mindestens über fünf Themen reden.
4. Arbeitet mit einem anderen Pärchen zusammen und erzählt euch gegenseitig von euren Ideen für Beata. Dann entscheidet euch gemeinsam für drei Orte, die Beata unbedingt sehen und erleben sollte. Präsentiert eure Ergebnisse der Klasse.

Anschließende Aufgabe: Fasst euer Gruppenergebnis zusammen und schreibt einen Bericht über die drei Orte, die jemand Neues unbedingt in eurer Stadt sehen muss. Gebt Gründe an.

Sehenswürdigkeiten	Schwimmbäder	Eisdielen
Geschäfte	Parks	Kinos
Spielplätze	Wasser (Fluss, See …)	Gebäude
Straßen/Alleen/Wege	Restaurants	Einkaufsläden
Büchereien	Plätze zum „Abhängen"	Turnhallen/Fitnessstudios

Rollenspiel: Ein internationales Schulfest organisieren

3, 5, 7, 13

Situationsbeschreibung:

An eurer Schule gibt es viele Kulturen und Sprachen. Nun will die Schule diese Vielfalt auf dem nächsten Schulfest feiern. Was sollte hierbei unbedingt im Vordergrund stehen?

Aisha	Mohammed	Klara
• „Es muss ganz viele Speisen aus aller Welt geben." • „Wir könnten Eltern bitten mitzuhelfen, dann bräuchte man kein Geld ausgeben."	• „Ich finde Musik am allerwichtigsten." • „Musik aus den verschiedenen Ländern gibt einen guten Einblick in die Kulturen."	• „Ich finde, es sollten alle Sprachen in Form von einem kleinen Sprachunterricht vertreten sein." • „Das Ziel sollte sein, dass jeder von jedem lernen kann."

Aufgabe: Gruppenarbeit (Grundlevel)

1. **Schreibt** einen **Dialog** zwischen Aisha, Mohammed und Klara, in dem sie das Schulfest planen.
   - Was sollte im Vordergrund stehen?
   - Könnt ihr Beispiele aus den Kulturen nennen (z. B. Nationalgerichte, typische Wörter …)?
2. **Lest** den **Dialog** in der Klasse **vor.**

Aufgabe: Gruppenarbeit (Erweiterungslevel)

1. **Bereitet** einen **Dialog** zwischen Aisha, Mohammed und Klara **vor,** in dem sie das Schulfest planen.
   - Was sollte im Vordergrund stehen?
   - Stellt mindestens drei konkrete Beispiele aus den Kulturen vor, mit denen ihr vertraut seid. Geht dabei auf die Zutaten für Gerichte ein, stellt ein berühmtes Lied vor oder redet über traditionelle Kleidung.
2. **Tragt** den **Dialog** in der Klasse **vor.** Sprecht frei.

Bitte hier knicken

Essen	Welche Gerichte aus den verschiedenen Kulturen gibt es?	**Wir sollten (nicht) … machen.** • Meze • Kebap • Currywurst	• Kaviar • Borschtsch	**Essen**
Sprache	Wie sagt man … auf …?	**Wir könnten den Leuten beibringen, wie man … sagt.** • ja/nein • danke/bitte • Hallo, ich heiße … • Wie geht's? Mir geht's gut.	• Ich bin … alt. • Ich komme aus … • Ich mag … • tschüss	**Sprache**
Kultur	Welche Traditionen und Feiertage sind typisch in den verschiedenen Kulturen?	• **Wir könnten den Leuten etwas über … erzählen.** • Nationalfeiertage • Neujahr • Geburtstage	• das Schulsystem • Reichtum/Armut • Besonderheiten im Land	**Kultur**
Musik	Welche typischen Bands/DJs gibt es?	• Bands, DJs, Solokünstler • Nationalhymne • aktuelle Songs		**Musik**

Rollenspiel: Interview mit Schauspielern

3, 4, 7, 9

Situationsbeschreibung:

Zwei deutsche Schauspieler werden zu einem Interview in einer Fernsehsendung eingeladen. Sie werden über ihr Privat- und Berufsleben vom Moderator befragt. Hier findet ihr einige Vorschläge, aber ihr könnt auch kreativ sein.

Moderator	Schauspieler/-in 1	Schauspieler/-in 2
• möchte, dass beide Schauspieler reden. • ist sehr freundlich. • stellt viele Fragen über die Filme der Schauspieler, ihr Privatleben und ihre Zukunftspläne.	• ist sehr berühmt. • hat in vielen Action-Filmen, aber auch in Liebesfilmen und Tragödien mitgespielt. • redet viel. • ist in sich selbst verliebt.	• ist noch am Anfang seiner/ihrer Karriere. • hat in einem erfolgreichen Action-Film mitgespielt. • findet Schauspieler/-in 1 toll. • ist ein bisschen schüchtern.

Aufgabe: Gruppenarbeit (Grundlevel)

1. **Schreibt** ein **Interview** zwischen dem Moderator und den beiden Schauspielern.
   - Haltet euch an den Aufbau eines Interviews (Einleitung, Hauptteil mit Fragen und Antworten, Schlussworte).
2. **Lest** den **Dialog** in der Klasse **vor.**

Aufgabe: Gruppenarbeit (Erweiterungslevel)

1. **Bereitet** ein Interview zwischen dem Moderator und den beiden Schauspielern **vor.**
   - Haltet euch an den Aufbau eines Interviews (Einleitung, Hauptteil mit Fragen und Antworten, Schlussworte).
   - Erzeugt Spannung, indem ihr Eifersucht/Tränen/Komik etc. einbaut.
2. **Tragt** den **Dialog** in der Klasse **vor.** Sprecht frei.

Anschließende Aufgabe: Finde Informationen zum Thema Karriere, Filme und Privatleben über deine persönlichen Lieblingsschauspieler bzw. deine Lieblingsschauspielerin heraus.

Bitte hier knicken

Einleitung	• Herzlich willkommen zur Sendung „…“! • Heute sind meine Gäste … und … Vielen Dank, dass Sie heute bei uns sind. • Mein erster/zweiter Gast ist … und er/sie macht …/ist bekannt für … • Ich möchte heute mit Ihnen über Ihren Beruf, Ihr Privatleben und Ihre Zukunftspläne reden. • Unsere Zuschauer möchten Sie beide gerne besser kennenlernen.		
	Beruf		**Privatleben**
Mögliche Fragen	• Warum sind Sie Schauspieler/-in geworden? • Was war Ihr größter Erfolg bis jetzt? • Wie hat Ihre Karriere begonnen? • Was mögen Sie am meisten an Ihrem Beruf? • Wer hat Sie unterstützt? • Wo sehen Sie sich in zehn Jahren?		• Sind Sie verheiratet? • Haben Sie Kinder? • Wie wohnen Sie? • Wie sieht Ihr Alltag aus? • Welche Bücher, Filme, Sportarten mögen Sie? • Was machen Sie in Ihrer Freizeit? • Was sind Ihre Zukunftsträume? • Was war Ihr schönster/schlimmster Tag?
Mögliche Antworten	• Vielen Dank, dass ich hier sein darf. • Ich bin froh, dass Sie diese Frage stellen. • Das ist eine sehr gute Frage. • Darüber habe ich noch nie nachgedacht. • Für mich war es sehr wichtig/beeindruckend/einschüchternd/ …	Schlussworte	• Danke, Herr/Frau …, dass Sie heute hier waren. • Es war sehr spannend/interessant/nett/…, mit Ihnen zu reden. • Ich wünsche Ihnen nur das Beste für die Zukunft. • Vielen Dank auch an unsere Zuschauer bei uns im Studio und zu Hause. Das war „…“ und wir sehen uns nächste Woche wieder!

Rollenspiel: Deutschland erkunden

6, 8, 9, 13

Situationsbeschreibung:

Cansel ist neu in Deutschland. Sie darf mit einer Gastfamilie ein Wochenende in den Urlaub innerhalb Deutschlands fahren. Sie berät mit den Kindern der Familie, Thomas und Lydia, wohin sie fahren könnten. Hier findet ihr einige Vorschläge, aber ihr könnt auch kreativ sein.

Cansel	Thomas	Lydia
• „Ich würde gerne in die Alpen fahren." • „Ich mag gerne Tiere." • „Ich mag das Meer nicht so gerne, das kenne ich schon." • „Ich mag wandern und spazieren gehen."	• „Ich finde den Strand an der Ostsee sehr schön." • „Ich spiele da gerne Frisbee oder laufe am Strand entlang." • „In der Umgebung gibt es viele Dinge, die man unternehmen kann."	• „Ich finde den Bodensee sehr schön." • „Wir fahren da oft mit der Familie hin und ich kenne mich gut dort aus." • „Es gibt dort viele Bauernhöfe."

Aufgabe: Gruppenarbeit (Grundlevel)

1. **Schreibt** einen **Dialog** zwischen Cansel, Thomas und Lydia, in dem sie das Wochenende besprechen.
   - Wohin möchten sie fahren?
   - Was möchten sie dort machen?
2. **Lest** den **Dialog** in der Klasse **vor.**

Aufgabe: Gruppenarbeit (Erweiterungslevel)

1. **Erarbeitet** einen **Dialog** zwischen Cansel, Thomas und Lydia, in dem sie das Wochenende besprechen.
   - Wohin möchten sie fahren?
   - Was möchten sie dort machen?
   - Integriert konkrete Ziele/Regionen/Landschaften/Städte in Deutschland.
2. **Tragt** den **Dialog** in der Klasse **vor.** Sprecht frei.

Anschließende Aufgabe: Besorgt euch weitere Informationen zu eurem Ziel. Was würdet ihr gerne an diesem Ort machen? Beschreibt ein Wochenende, das für euch ideal wäre. Fasst dies auf einem Poster oder in einem kurzen Text zusammen.

Bitte hier knicken

Kannst du mir etwas über … erzählen? Was ist besonders an …?	**Die Alpen in Süddeutschland** • Man kann hier wandern und Fahrrad fahren. • Es gibt gemütliche Hütten, in denen man übernachten und traditionelles Essen bestellen kann. • Es gibt viele Bauernhöfe mit Kühen, Hühnern und Schweinen. **Die Ostsee** • Auf dem Meer kann man segeln. • Man kann im Meer im Sommer schwimmen. • Es gibt einen sehr schönen Strand, an dem man viele Spiele spielen kann. • Auf Fehmarn gibt es ein Meereszentrum und in Stralsund gibt es ein Ozeaneum, wo man Fische in Aquarien sehen kann. **Der Bodensee** • Das ist ein großer See im Süden Deutschlands. • Er ist direkt in der Nähe der Alpen. • Man kann viele Aktivitäten machen: schwimmen, Fahrrad fahren, wandern und Frisbee am Strand spielen.	Wir können/sollten (nicht) … Lass uns (nicht) … Ich würde gerne/ungern …	• jeden Tag 20 km wandern. • viele Fotos machen. • in einen Zoo gehen. • in einer Hütte übernachten. • typisch deutsches Essen probieren. • am Meer spazieren gehen. • im Meer schwimmen. • Sandburgen bauen. • viel Sport treiben. • die Landschaft genießen. • Boot fahren. • auf einem Bauernhof die Kühe melken.

Rollenspiel: Eine Klassenfahrt planen

5, 6, 9, 10

Situationsbeschreibung:

Selina, Dimitri and Mohammed sind zusammen in einer Klasse. Am Ende des Schuljahres wollen sie mit ihrer Klasse eine Klassenfahrt machen. Hier findet ihr Ideen, ihr könnt aber auch kreativ sein.

Selina	Dimitri	Mohammed
• „Ich möchte gerne Fahrrad fahren.“ • „Busfahren ist schlecht für die Umwelt.“ • „Fahrradfahren ist außerdem gut für die Gesundheit.“ • „Ich finde zelten echt toll.“	• „Ich würde gerne nach Süddeutschland in die Berge. Die habe ich noch nie gesehen.“ • „Wir sollten einen Bus mieten. Dann können wir uns unterhalten.“ • „Vielleicht könnten wir in kleinen Apartments wohnen?“	• „Ich möchte gerne nach Berlin.“ • „Ich möchte dort viel Deutsch sprechen, um die Sprache zu üben.“ • „Ich möchte gerne in einer Gastfamilie leben.“ • „Wir könnten mit dem Zug fahren.“

Aufgabe: Gruppenarbeit (Grundlevel)

1. **Schreibt** einen **Dialog** zwischen Selina, Dimitri und Mohammed, in dem sie die Klassenfahrt planen.
   - Wo sollen sie hinfahren?
   - Wie kommen sie dahin?
   - Wo wohnen sie?
2. **Lest** den **Dialog** in der Klasse **vor.**

Aufgabe: Gruppenarbeit (Erweiterungslevel)

1. **Bereitet** einen **Dialog** zwischen Selina, Dimitri und Mohammed **vor,** in dem sie die Klassenfahrt planen.
   - Beschreibt den Ort, das Transportmittel und die Unterkunft.
   - Geht genau auf die jeweiligen Vor-und Nachteile ein.
2. **Tragt** den **Dialog** in der Klasse **vor.** Sprecht frei.

Anschließende Aufgabe: Denk über dein Traumziel für eine Klassenfahrt nach. Wo möchtest du hin und warum? Wie kommst du dahin? Wo wohnst du? Sei realistisch. Schreib einen überzeugenden Brief an deinen Lehrer oder deine Lehrerin oder fass deine Ideen auf einem Poster zusammen.

Bitte hier knicken

Ort	Wohin können/ sollten wir fahren?	**Wir sollten (nicht) …** • mit dem Bus/Zug/Fahrrad nach (…) fahren, • in einen Ort in der Nähe fahren,	**weil es …** • zu weit weg ist. • zu teuer ist. • langweilig ist.	• leicht zu erreichen ist. • preiswert ist. • bestimmt viel zu sehen gibt.
Verkehrsmittel	Wie können wir dorthin kommen?	**Wir könnten …/Ich würde (nicht) gerne …/Lasst uns (nicht) …** • mit dem Fahrrad fahren. • den Zug/Bus nehmen.	• wandern. • ein Flugzeug nehmen.	
Unterkunft	Wo sollten wir wohnen? Wo/Wie sollten wir essen?	**Wir könnten …/Ich würde (nicht) gerne …/Lasst uns (nicht) …** • zelten. • in Gastfamilien wohnen. • in Wohnmobilen wohnen.	• ein Hotel nehmen. • Apartments mieten. • eine Jugendherberge nehmen.	• in Restaurants essen. • selber kochen.

Rollenspiel: Bewerbung um einen Nebenjob

7, 10, 16, 17

Situationsbeschreibung:

Viele Jugendliche möchten gerne einen Nebenjob haben. Aber was können sie machen? Wie können sie sich bewerben? Wie verhalten sie sich in einem Bewerbungsgespräch?

Aufgabe 1: Überlegt mit der Klasse, welche Nebenjobs für Schüler ihr kennt. Arbeitet jemand von euch? Was ist gut daran? Welche Probleme kann es geben? Was denkt ihr? Vervollständigt die Sätze und begründet eure Meinung.

Einen Nebenjob zu haben ist ...,

ermüdend anstrengend interessant
leicht lohnenswert ein Traum

weil ...

Man könnte ...,

Zeitungen austragen Nachhilfe geben
Hunde spazieren führen auf Kinder aufpassen
in einem Restaurant/Geschäft/Café arbeiten

weil ...

Aufgabe 2: Gruppenarbeit

1. Arbeitet in einer Vierergruppe zusammen. Ihr bereitet ein Bewerbungsgespräch vor. Drei von euch sind die Bewerber und einer der Chef bzw. die Chefin. Macht Notizen.
2. Entscheidet euch für den Nebenjob, um den es gehen soll. In der Unterhaltung sollten die Bewerber ihre Stärken hervorheben und begründen, warum sie am besten für den Job geeignet sind. Der Chef bzw. die Chefin stellt Fragen. Am Ende bekommt nur einer von euch den Job.
3. Spielt den Dialog in der Klasse vor.

Bitte hier knicken

Nützliches Vokabular	
• die Bewerbung • der Lebenslauf • das Anschreiben • die Stellenbeschreibung • sich um einen Job bewerben • die Ausbildung/die Lehre • das Praktikum	• der/die Vorgesetzte • der Arbeitgeber/die Arbeitgeberin • der Bewerber/die Bewerberin • der Arbeitnehmer/die Arbeitnehmerin • die Stärken und Schwächen • das Gehalt
Nützliche Sätze für den Chef/die Chefin • Vielen Dank für die Bewerbung/das Anschreiben/den Lebenslauf. • Dein Profil hört sich sehr interessant an. • Es handelt sich um einen Nebenjob/ein Praktikum. • Bitte stell dich vor. • Warum interessierst du dich für den Job? • Hast du bereits Erfahrung auf dem Gebiet? • Was sind deine Stärken? Was sind deine Schwächen? • Wie gut sprichst du Deutsch? Reicht dein Deutsch für den Job? • Darfst du hier arbeiten? • Wie viel Geld möchtest du verdienen?	**Nützliche Sätze für die Bewerber** • Ich bin sehr froh, hier zu sein. • Vielen Dank für die Einladung. • Vielen Dank, dass Sie mir diese Chance geben. • Ich wäre gut für diesen Job geeignet, weil ... • Ich möchte wirklich gerne hier arbeiten, weil ... • Zeitlich kann ich mich nachmittags und am Wochenende flexibel nach Ihnen richten. • Ich arbeite intensiv an meinem Deutsch. • Ich glaube, dass der Job leider nichts für mich ist, weil ... • Ehrlich gesagt, glaube ich nicht, dass ich gut hierhin passen würde, weil ...

Präsentierendes Sprechen: Präsentationen

Beim präsentierenden Sprechen geht es darum, die Schüler zur Produktion der deutschen Sprache in eher monologisierender, präsentierender Form anzuregen. Hierzu können die Aufwärmübungen (s. S. 6 ff.) und die nachfolgenden Präsentationen genutzt werden.
Die Schüler bekommen die Möglichkeit, sich in den Präsentationen intensiv mit einer Aufgabe auseinanderzusetzen und diese in Partner- oder Einzelarbeit zu bearbeiten. Entweder tragen die Schüler ihre Ergebnisse vor der Klasse oder im geschützten Rahmen in Kleingruppen vor. Diese Entscheidung sollte unabhängig von der Anleitung in den Aufgaben von der Lehrkraft getroffen werden. Bei der Vorbereitung der Präsentationen kann darauf hingewiesen werden, dass alle Gruppenmitglieder gleichermaßen an der Erarbeitung beteiligt sein sollen. Hierfür können die Rollenkarten (s. Rucksack 16 auf S. 59) eingesetzt werden. Es können aber auch bewusst Unterschiede zugelassen werden, sodass Schüler je nach ihrem sprachlichen Niveau und ihren persönlichen Stärken einen Beitrag leisten können.

Die Präsentationen können folgendermaßen binnendifferenziert werden:
Die Schüler können
- Unterstützungskarten nutzen.
- sich streng oder flexibel an die Vorgaben der Aufgabenstellungen halten und so ihre eigenen individuellen Schwerpunkte setzen.
- die Aufgaben basierend auf ihren sprachlichen Kenntnissen qualitativ und quantitativ unterschiedlich ausgestalten.
- sich in der Gruppenerarbeitung gegenseitig unterstützen. So können leistungsschwächere Schüler von leistungsstärkeren lernen bzw. leistungsstärkere Schüler durch ihre Tutorenrolle profitieren. Wichtig hierbei ist, dass Arbeitsprozesse reflektiert werden (siehe einzelne Aufgaben und/oder Reflexionsbögen ab S. 61), damit ein Lernprozess bei allen Schülern stattfinden kann.
- die Präsentationen (schriftlich) detailliert vorbereiten und dann vortragen oder sie können basierend auf dem Material einen relativ freien Vortrag halten.
- je nach persönlichen Charakteristika und sprachlicher Stärke unterschiedlich viel in der Präsentation mündlich beitragen. Ob dies umgesetzt wird, hängt allerdings von der pädagogischen und didaktischen Intention der Lehrkraft ab.

Präsentation: Das bin ich!

1, 3, 7, 9

Situationsbeschreibung:
Das neue Schuljahr geht los und du bist in einer Klasse mit vielen neuen Mitschülern. Damit sich alle kennenlernen können, hilft es, wenn sich jeder kurz vorstellt.

Aufgabe:
1. Einzelarbeit: Überleg dir, was du über dich selbst erzählen möchtest. Der Rucksack kann dir dabei helfen.
2. Partnerarbeit: Arbeite mit einem Partner oder einer Partnerin zusammen. Erzähle ihm oder ihr von dir. Stelle Fragen, wenn du etwas wissen möchtest. Notiert euch Stichpunkte.
3. Klassenarbeit: Stellt euch gegenseitig der Gesamtklasse vor.

Anschließende Aufgabe: Schreibt einen kleinen Text über euren Partner oder eure Partnerin, in dem ihr die Informationen schriftlich zusammenfasst.

------------------------------ Bitte hier knicken ------------------------------

	Fragen	Aussagen			
Name	Wie heißt du? Was ist dein Name?	• Ich heiße ... • Ich bin ... • Mein Name ist ...			
Alter	Wie alt bist du?	• Ich bin ... Jahre alt.			
Her-kunft	Woher kommst du? Woher bist du? Woher kommt deine Familie?	• Ich komme aus ... • Ich bin aus ... • Meine Familie kommt aus (dem/der/den) ...	• Iran (m) • Irak (m) • Jemen (m) • Kongo (m) • Libanon (m) • Sudan (m)	• Elfenbeinküste (f) • Slowakei (f) • Türkei (f) • Ukraine (f) • Niederlanden (pl) • USA (pl)	
Sprache	Welche Sprachen sprichst du? Sag etwas in der Sprache.	• Ich spreche ... • Ich spreche fließend ... • Meine Muttersprache ist ... • Ich spreche ein bisschen ... • Ich lerne ... • Ich spreche ..., aber ich kann es nicht schreiben.	• Afar • Afghanisch • Albanisch • Arabisch • Armenisch • Bulgarisch • Deutsch • Englisch • Französisch • Griechisch • Italienisch	• Kroatisch • Kurdisch • Persisch • Polnisch • Rumänisch • Russisch • Serbisch • Syrisch • Tigrinya • Türkisch • Ungarisch	
Familie	Wie viele Geschwister/Schwestern/Brüder hast du? Hast du Großeltern? Wer aus deiner Familie ist in Deutschland?	• Ich habe ... Brüder und ... Schwestern. • Meine Großeltern/Meine Oma/Mein Opa sind/ist in der Heimat/in Deutschland/leben/lebt nicht mehr. • Aus meiner Familie sind meine Mutter/mein Vater/meine Geschwister/meine Großeltern/meine Onkel/meine Tanten/meine Cousins/meine Cousinen/meine Neffen/meine Nichten hier.			
Hobbys	Was sind deine Hobbys? Was machst du in deiner Freizeit? Sport?	• Ich ... gern.	• male • lese • koche	• fotografiere • jogge	• schwimme • tanze • spiele ... Fußball

Präsentation: Über das Land meiner Familie berichten

Situationsbeschreibung:

An eurer Schule finden internationale Projekttage statt. Viele Schüler kommen selbst aus einem anderen Land; andere haben Eltern oder Großeltern, die eine Migrationsgeschichte haben. Über was würdet ihr gerne reden?

Aufgabe: Gruppenarbeit

1. Arbeitet in Kleingruppen von drei bis vier Schülern zusammen. Erstellt ein Platzdeckchen (siehe Rucksack 17). Schreibt eure eigenen Stichpunkte auf euer Platzdeckchen. Denkt an Themen wie: Kultur, Sprache, Traditionen, Essen, Musik, Tanz, Politik, Geschichte, Geografie – ihr wählt den Schwerpunkt!
2. Stellt euch gegenseitig das Land eurer Familien vor. Benutzt hierfür die Rollenkarten (siehe Rucksack 16).
3. Wählt einen Sprecher aus eurer Gruppe, der die zentralen Themen vorstellt, über die ihr gesprochen habt.

Anschließende Aufgabe: Schreibt eine Zusammenfassung, in der ihr das Land eurer eigenen Familie vorstellt, aber auch das aufschreibt, was ihr über die Länder eurer Gruppenmitglieder gelernt habt.

--------------------------------- Bitte hier knicken ---------------------------------

Geografie	• Wo liegt das Land/die Stadt, aus dem/der deine Familie kommt?	• Das Land meiner Familie heißt … und liegt in … (Kontinent). • Die Stadt meiner Familie heißt … und ist eine große/kleine Stadt. Hier gibt es viel(e) Menschen/Tiere/Geschäfte/Natur/Verkehr/…	**Geografie**
Politik	• Was weißt du über die politische Lage? Gibt es Konflikte oder Kriege?	• Das Land meiner Familie hat einen König/Präsidenten/… • Es gibt Konflikte/Krieg zwischen … und … • Die Regierung ist (un)fair, weil …	**Politik**
Kultur	• Welche Traditionen und Feiertage gibt es im Land deiner Famile?	• Es gibt viele/wenige Feiertage. Zum Beispiel gibt es … • Eine wichtige Tradition ist es, … zu feiern. • Zu den Traditionen gehört es, … zu machen/tanzen/singen.	**Kultur**
Sprache	• Kannst du die Sprache deiner Familie sprechen? Wie hört sie sich an?	• So hört sich die Sprache an: „…"„…" bedeutet … • Ja, kann ich. Zu Hause spreche ich auch nur … • Ich kann die Sprache sprechen, aber nicht so gut lesen/schreiben. • Ich spreche sehr gerne …	**Sprache**
Essen	• Was ist ein typisches Gericht/Getränk im Land deiner Familie?	• Das Nationalgericht ist … • Meine Oma/Meine Mutter/Mein Opa/Mein Vater hat oft … gekocht. • Wir trinken viel Tee/Wasser/…	**Essen**

Präsentation: Ein Haustier anschaffen

Aufgabe:

1. Bereite eine Präsentation vor, in der du dein Lieblingshaustier vorstellst. Du kannst die Informationen im Rucksack nutzen oder kreativ sein. Wenn du magst, kannst du das Haustier auch in deiner Muttersprache benennen bzw. ein paar Informationen mit deinen Mitschülern teilen. Zeige Vor- und Nachteile des Haustiers auf. Du kannst einen Vortrag halten, eine PowerPoint-Präsentation machen, ein Poster anfertigen, einen Videoclip drehen etc.
2. Halte die Präsentation für deine Mitschüler.

Anschließende Aufgabe: Schreibe einen kleinen Bericht über dein Lieblingshaustier.

Bitte hier knicken

<table>
<tr><td></td><td>Bert (ein kleiner Wellensittich)
• ein paar Monate alt
• blau und weiß
• macht viel Lärm
• sitzt gerne auf der Gardinenstange</td><td></td><td>Hubert (ein Goldfisch)
• sehr klein
• Aquarium muss oft sauber gemacht werden
• darf nicht überfüttert werden
• frisst kleine Mäuse</td></tr>
<tr><td></td><td>Lilly (ein Hamster)
• ein Jahr alt
• lebt in einem Käfig
• liebt sein Laufrad
• ist ganz weich</td><td></td><td>Herta (ein Hausschwein)
• ist aufgeweckt
• liebt Menschen
• frisst alles
• geht gerne in den Garten</td></tr>
<tr><td></td><td>Franz (eine Schildkröte)
• ist sehr alt
• schläft viel
• liebt Salat
• ist sehr langsam</td><td></td><td>Käthe (eine Vogelspinne)
• ist groß
• ist haarig
• frisst verschiedene Dinge
• ist schnell
• hat viel Hunger</td></tr>
</table>

Präsentation: Einen Austausch machen

Situationsbeschreibung:

Du hast ein Stipendium für einen Schüleraustausch in einem deutschsprachigen Land deiner Wahl gewonnen. Das Stipendium deckt den Schulbesuch und den Aufenthalt bei einer Gastfamilie ab. Welches deutschsprachige Land bzw. welche Stadt wählst du und warum?

Aufgabe:

1. Welche deutschsprachigen Länder kennst du? Welche Städte kennst du? Was weißt du über sie? Denk an Themen wie Essen, Kultur, Geografie, Geschichte, Mode, Natur etc. Zusätzliche Informationen findest du auf der Rückseite (Rucksack). Du kannst auch nach Informationen im Internet suchen.
2. Entscheide dich für ein Land bzw. eine Stadt. Begründe deine Entscheidung.
3. Bereite eine Präsentation deiner Wahl vor. Du kannst einen mündlichen Vortrag, eine PowerPoint-Präsentation, ein kurzes Video, eine Posterpräsentation etc. wählen.

Bitte hier knicken

Fakten

Deutschland	**Österreich**	**Schweiz**
• demokratischer, föderaler Staat • 16 Bundesländer (3 Stadtstaaten) • ca. 84 Millionen Einwohner • Hauptstadt: Berlin • große Städte: Hamburg, München, Frankfurt a. M. • teilt seine Grenzen mit 9 Staaten • Süden: Zugspitze (Berg, 2962 m), Norden: Nord- und Ostsee • typisch deutsch: Grünkohl und Pinkel (Norden), Currywurst (Mitte) und Weißwurst mit Brezeln (Süden)	• demokratischer, föderaler Staat • 9 Bundesländer • ca. 9 Millionen Einwohner • Hauptstadt: Wien • große Städte: Graz, Linz, Salzburg, Innsbruck • Amtssprache: Deutsch; anerkannte Regionalsprachen: u. a. Kroatisch, Ungarisch, Slowenisch • typische Köstlichkeiten: Schnitzel, Gulasch, Schweinsbraten mit Knödeln und Kaiserschmarrn • bekanntes Wander- und Wintersportparadies	• neutraler, föderaler Staat mit direkter Demokratie • 26 Kantone • ca. 9 Millionen Einwohner • Regierung und Parlament: Bern • große Städte: Zürich, Genf, Basel • Amtssprachen: Deutsch, Französisch, Italienisch, Rätoromanisch • Währung: Schweizer Franken (Rappen) • kulinarische Köstlichkeiten: Käsefondue, Raclette, Rösti, Birchermüesli • weltberühmt: Schweizer Alpen (höchster Berg: das Matterhorn, 4478 m)
Luxemburg	**Liechtenstein**	
• Großherzogtum • Staat/Demokratie in Form einer Monarchie • Amtssprachen: Luxemburgisch, Deutsch, Französisch • ca. 700.000 Einwohner • Hauptstadt: Lëtzebuerg • weitere Städte: Esch an der Alzette, Differdingen • wohlhabendes Land • traditionelle Küche: Schnitzel, geräuchertes Schweinefleisch mit dicken Bohnen • bekannt: Weine der luxemburgischen Mosel	• Fürstentum • sechskleinster Staat der Erde mit einer konstitutionellen Erbmonarchie • ca. 40.000 Einwohner • 2 Wahlkreise und 11 Gemeinden • Fürstensitz: Vaduz • Währung: Schweizer Franken • weitere Orte: Triesenberg, Schaan • kulinarische Köstlichkeiten: Käsknöpfle mit Apfelmus, Ribel mit Milch	

Präsentation: Klassenfahrt

14, 15, 16, 17

Situationsbeschreibung:

Deine Klasse möchte eine Klassenfahrt machen. Aber wohin soll es gehen? Denkt über verschiedene Ziele nach und entscheidet euch für eins. Denkt an die Entfernung, die Kosten, das Reisemittel, die Aktivitäten, die Kultur und die Geschichte.

Aufgabe:

1. Arbeitet in einer Gruppe mit drei oder vier Schülern.
2. Macht ein Platzdeckchen (siehe Rucksack 17). Macht euch zuerst jeder alleine auf dem Platzdeckchen Notizen: Wohin möchtet ihr am liebsten reisen? Warum?
3. Präsentiert euch eure Ideen. Benutzt die Rollenkarten (siehe Rucksack 16). Entscheidet euch für die besten Ideen und schreibt diese in die Mitte des Platzdeckchens.
4. Hier könnt ihr auch weitere Ideen sammeln. Zum Beispiel: Wie kommt ihr dahin? Wo solltet ihr übernachten? Was wollt ihr dort machen?

Bitte hier knicken

Nützliche Sätze, um über Ausflüge und Reisen zu sprechen	**Nützliche Vokabeln, um über Ausflüge und Reisen zu sprechen**
• Wo wollen wir hinfahren? • Ich würde gerne nach … fahren, weil … • Wo können wir übernachten? • Ich würde gerne … – in einem Zelt/Hotel/Apartment übernachten, weil … – in einer Jugendherberge übernachten, weil … • Wie kommen wir dahin? • Ich würde gerne … – mit dem Zug/Bus/Fahrrad fahren, weil … – mit dem Flugzeug fliegen, weil … • Wir sollten auch … kaufen/besichtigen/anschauen. • Das Wetter dort ist warm/kalt/sonnig/regnerisch. • Wir können bestimmt viele historische Gebäude/Museen besichtigen. • Die Natur soll ganz toll sein. **Die Unterkunft ist (nicht) …** • preiswert/günstig/teuer. • sauber. • luxuriös. • geräumig. **Reisen mit dem Zug/Bus/Flugzeug ist (nicht) …** • preiswert/günstig/teuer. • sicher. • schnell.	• das Ziel • der Aufenthalt • die Reise buchen • der (Tages-)Ausflug • das Freizeitangebot • Transportmittel – die Fähre – der Zug – das Flugzeug – der Bus • der Fahrplan • die Unterkunft – das Hotel – die Jugendherberge – der Gruppenschlafraum – das Zelt – das Appartment • das Gepäck • das Handgepäck • das Taschengeld • der Eintritt kostet …

Präsentation: Ein Buch oder einen Film aus der Heimat präsentieren

9, 10, 12, 15

Situationsbeschreibung:
Um einander besser kennenzulernen, solltet ihr mehr über das Land eurer Familien wissen. Hierzu soll jeder von euch ein Buch, einen Film oder eine Fernsehserie aus dem Heimatland vorstellen. Das, was ihr vorstellt, sollte für euch eine besondere Bedeutung haben, die in der Präsentation deutlich wird.

Aufgabe I: Plenum
Sammelt im Plenum Titel von Büchern, Filmen und Serien, die euch etwas bedeuten. Schreibt die Titel in eurer Muttersprache an die Tafel und versucht, eine deutsche Übersetzung zu finden.

Aufgabe II: Einzelarbeit oder Partnerarbeit
Wenn es sich anbietet, tut euch mit einem Mitschüler oder einer Mitschülerin zusammen. Ansonsten arbeitet ihr alleine. Stellt das Buch, den Film oder die Fernsehserie vor. Beschreibt, worum es geht und was euch an der Geschichte gefällt. Beschreibt auch Situationen, in denen ihr das Buch gelesen habt oder den Film oder die Serie geschaut habt. Fasst die wesentlichen Punkte auf einem A4-Blatt zusammen.

Aufgabe III: Gruppenarbeit
Stellt euch eure kleinen Poster zu dritt gegenseitig vor. Diskutiert, ob ihr Gemeinsamkeiten habt. Fasst dann die wesentlichen Punkte eurer drei Präsentationen auf einem Plakat zusammen. Konzentriert euch hier auf die Gemeinsamkeiten.

Aufgabe IV:
Betrachtet die Plakate in einem Galeriegang (Rucksack 17). Alternativ können sie nacheinander präsentiert werden.

Anschließende Aufgabe: Versucht, das Buch, den Film oder die Serie mit in die Schule zu bringen. Zeigt Ausschnitte und beschreibt, was ihr an diesem Ausschnitt besonders mögt.

Bitte hier knicken

Nützliches Vokabular

- ein Kapitel
- ein Abschnitt/eine Stelle

- ein Sachbuch
- ein Roman
- eine Kurzgeschichte
- ein Märchen
- ein Klassiker
- ein Kriminalroman
- ein Liebesroman

- ein Drama
- eine Komödie
- ein Liebesfilm
- ein Thriller

- der Schauplatz, der Handlungsort
- der Höhepunkt
- die Hauptperson

- eine Auszeichnung verleihen/erhalten
- einen Preis/eine Auszeichnung erhalten

Nützliche Satzanfänge

- Das Buch/Der Film/Die Serie ist …
  - spannend.
  - komisch/lustig.
  - traurig.
  - brutal.
  - (nicht) langweilig.
- Das Buch/Der Film/Die Serie …
  - hatte einen großen Einfluss auf mich, weil …
  - hat eine tiefere Bedeutung für mich, weil …
  - handelt von …
  - beschreibt die Geschichte von …
- Für mich ist es/er/sie besonders wichtig, weil …

Präsentation: Geldspenden sammeln

12, 15, 16, 17

Situationsbeschreibung:
Eure Klasse möchte Geld für einen guten Zweck sammeln. Jetzt müsst ihr entscheiden, für welchen! Denkt euch Projekte aus und präsentiert sie euren Mitschülern. Überzeugt eure Mitschüler von eurem Projekt.

Aufgabe I: Plenum
Diskutiert Projekte, in denen Menschen Geld für einen guten Zweck sammeln. Was wird dort gemacht?

Aufgabe II: Gruppenarbeit
1. Arbeitet in einer Gruppe mit drei oder vier Schülern.
2. Macht ein Platzdeckchen (siehe Rucksack 17). Macht euch zuerst jeder alleine auf dem Platzdeckchen Notizen: Welches Projekt gefällt euch? Warum? Wie kann es umgesetzt werden?
3. Präsentiert euch eure Ideen. Benutzt die Rollenkarten (siehe Rucksack 16). Entscheidet euch für die besten Ideen und schreibt diese in die Mitte des Platzdeckchens. Hier könnt ihr auch weitere Ideen sammeln.
4. Präsentiert eure Ideen den anderen Mitschülern. Überzeugt sie von eurem Projekt.

Anschließende Aufgabe: Stellt euch vor, dass ihr tatsächlich euer Projekt umsetzen konntet und Geld gesammelt habt. Schreibt einen Bericht, in dem ihr das Projekt genau beschreibt. Berichtet auch darüber, warum das Projekt erfolgreich war und wie das Geld ausgegeben wird.

Bitte hier knicken

Nützliche Vokabeln, um über Spenden zu sprechen	**Nützliche Sätze, um über Spenden zu sprechen**
• ein guter Zweck • Spenden sammeln • Blut/Geld spenden • eine Spendenaktion organisieren • die Wohltätigkeitsorganisation • der Wohltätigkeitsbasar • der Wohltätigkeitsball • der/die Freiwillige • der Flüchtling • jemanden/etwas fördern • Hilfe brauchen • jemandem Hilfe anbieten • freiwillig arbeiten • misshandelt werden • verlassen werden	Ich würde gerne …, um Geld zu sammeln. • Autos waschen • Selbstgebackenes verkaufen • alte Kleidung/Spielzeuge verkaufen • einen Flohmarkt machen • an einem Benefizlauf teilnehmen Ich möchte nicht so gerne Geld sammeln, aber lieber meine Hilfe anbieten. Ich könnte … • Nachhilfe geben. • mit dem Hund von älteren Leuten spazieren gehen. • auf Kinder umsonst aufpassen. In unserem Projekt wollen wir helfen, indem wir … • uns für einen 5-km-Lauf sponsorn lassen. • unsere Nachbarn unterstützen und ihre Blumen gießen oder mit ihrem Hund spazieren gehen.

Präsentation: Einen Reisebericht online präsentieren 7, 10, 12, 15

Situationsbeschreibung:
Ein Freund von dir hat einen Internet-Blog, auf dem er Reisetrips sammelt. Da du gerade eine Woche in München verbracht hast, bittet er dich, einen mündlichen Reisebericht über die Stadt online zu stellen.

Aufgabe: Partnerarbeit

1. Arbeite zusammen mit einem Partner bzw. einer Partnerin. Überlegt gemeinsam, was ihr über München wisst. Dann guckt euch die Karten an (siehe Rucksack) und entscheidet, welche Information ihr am interessantesten findet.
2. Arbeitet an einem zweiminütigen Bericht über München. Benutzt die Fakten auf den Karten und fügt hinzu, was ihr sonst noch über die Stadt wisst.
3. Übt den Bericht. Wechselt euch beim Sprechen ab. Alternativ kann einer von euch Fragen stellen und der andere die Antworten geben. Seid kreativ – Touristen sollen Lust auf München bekommen!
4. Nehmt den Bericht auf dem Handy auf oder präsentiert ihn vor der Klasse.

Anschließende Aufgabe: Dein Freund ist begeistert von eurem Vortrag und fragt, ob du zusätzlich einen schriftlichen Bericht über die Fakten, die ihr noch nicht vorgestellt habt, hochladen könntet.

Bitte hier knicken

Deutsches Museum
- liegt auf der Museumsinsel in der Isar
- ist das meistbesuchte Museum Deutschlands
- bietet 50 Themengebiete, Demonstrationen und Experimente

Oktoberfest
- ist das größte Volksfest der Welt
- findet auf der Theresienwiese statt
- dauert 2 Wochen
- bietet über 100 Fahrgeschäfte
- die traditionalle Tracht sind Lederhosen und Dirndl

Hofbräuhaus
- das Neorenaissance-Gebäude liegt „am Platzl"
- bietet typische bayerische Gerichte wie Haxe, Schweinsbraten und Bier
- bis zu 3.000 Gäste werden bewirtet, an guten Tagen kommen bis zu 30.000 Besucher

BMW-Welt
- hier wird der bayerische Automobilhersteller BMW vorgestellt
- Kombination von Werk und Wechselausstellungen zur Geschichte und Zukunft von BMW

Alte Pinakothek
- liegt am Königsplatz
- hier gibt es Gemälde von europäischen Künstlern aus dem 14. bis 18. Jahrhundert
- in 19 Sälen und 47 Kabinetten gibt es mehr als 700 Gemälde

Hilfskarten, Bewertungs- und Reflexionsbögen

Nachfolgend werden sprachliche Hilfestellungen vorgestellt.
Es werden Unterstützungen in den Bereichen *Sprache* und *Struktur* angeboten. Da die Unterstützungen auch für andere Kontexte mehrfach genutzt werden können, bietet es sich an, die einzelnen Karten auszuschneiden und zu laminieren. So können die Schüler mehrfach und zu jeder Zeit darauf zurückgreifen. Die Aufgaben verweisen anhand des Rucksacksymbols und der darauf notierten Zahl auf die Unterstützung, auf die in der jeweiligen Aufgabe hingewiesen wird.
In der Kategorie *Sprachhilfe* werden sprachliche Hilfestellungen bezüglich lexikalischer und grammatikalischer Bereiche gegeben. Auf den Karten befinden sich einzelne Wörter, Phrasen oder auch ganze Sätze, welche die Schüler bei der Produktion der deutschen Sprache unterstützen sollen. Es wird darauf hingewiesen, dass die Hilfskarten nicht den Anspruch auf Vollständigkeit erheben.

Folgende Unterstützungen stehen zur Verfügung:

1	Meinungen über die Gegenwart ausdrücken
2	Meinungen über die Vergangenheit ausdrücken
3	Fragen über die Gegenwart und die Zukunft stellen
4	Fragen über die Vergangenheit stellen
5	Konjunktiv II
6	Komparativ und Superlativ
7	Zeiten
8	Modalverben
9	Gefühle ausdrücken
10	Präpositionen
11	Bilder beschreiben
12	Adverbien
13	Sprachfächer
14	Eine Rückmeldung zu einem Rollenspiel oder einer Präsentation geben

Anschließend gibt es die Kategorie *Strukturhilfe*. Hier werden vor allem Themen zur Organisation der Gruppen- und Partnerarbeit behandelt. Auch hierfür gilt das Rucksacksymbol mit entsprechender Nummerierung. Es stehen folgende Hilfestellungen zur Verfügung:

15	Eine Präsentation vorbereiten
16	Rollenkarten – Gruppenarbeit
17	Platzdeckchen und Galeriegang – Gruppenarbeit

Schließlich folgt die Kategorie der Bewertungs- und Reflexionsbögen. Hier werden Impulsfragen für das Feedback unter Schülern, aber auch für die Lehrkraft zur Beurteilung der Schülerarbeiten aufgelistet. Zudem gibt es konkrete Evaluationsbögen, die direkt kopiert und eingesetzt werden können.

Sprachhilfen

Sprachhilfe: Meinungen über die Gegenwart ausdrücken

<table>
<tr>
<td rowspan="2">Eigene Meinung sagen/ Einen Vorschlag machen</td>
<td rowspan="2">• Ich denke (nicht), dass …
• Ich möchte wirklich (nicht) …
• Ich denke, wir müssen (nicht) …
• Ich bin mir (nicht) sicher, dass …
• Wenn ich du wäre, würde ich …</td>
<td>Zustimmung/Ablehnung</td>
<td>• Ich denke (nicht), dass du Recht/Unrecht hast.
• Ja, das ist eine gute Idee./Nein, das ist keine gute Idee.
• Nein, das ist zu teuer/langweilig/…
• Das hört sich richtig gut an./Das hört sich gar nicht gut an.
• Ich bin total deiner Meinung./Ich bin überhaupt nicht deiner Meinung.</td>
</tr>
<tr>
<td>Kompromiss finden</td>
<td>• Lass(t) uns auf … einigen.
• Ok, vielleicht können wir uns auf … einigen.
• Lass(t) uns eine Lösung finden.
• Ich finde, wir sollten einen Kompromiss finden.</td>
</tr>
</table>

Sprachhilfe: Meinungen über die Vergangenheit ausdrücken

<table>
<tr>
<td>Zustimmung/ Ablehnung</td>
<td>• Ja, das war sehr lustig/interessant/langweilig/…
• Ich finde nicht/auch, dass das sehr lustig/interessant/ langweilig/… war.</td>
<td>• Ja, das war eine gute Idee.
• Nein, das war keine gute Idee.
• Ich finde nicht, dass du Recht/ Unrecht hast.</td>
</tr>
<tr>
<td>Eigene Meinung sagen</td>
<td colspan="2">• Ich denke (nicht), dass …
• Weißt du/Wisst ihr, was ich noch mochte? Ich mochte …
• Ich mochte wirklich, (dass wir) …
• Ich fand wirklich (nicht) gut, dass wir …</td>
</tr>
</table>

Sprachhilfe: Fragen über die Gegenwart und die Zukunft stellen 3

Nach der generellen Meinung fragen	• Was denkst du/denkt ihr? • Was möchtest du/möchtet ihr tun? • Hast du/Habt ihr irgendwelche Ideen? • Was können/sollen wir machen? • Was wollt ihr machen? • Was kannst du/könnt ihr empfehlen?	**Nach einer zeitlichen Struktur fragen**	• Was willst du/wollt ihr zuerst machen? • Womit sollen wir heute anfangen?
Fragewörter	Was? (Ding/Objekt) Was ist das? Wie? (Art und Weise) Wie geht's dir? Wo? (Ort) Wo fährt der Bus? Wer? (Person) Wer ist das da? Warum? (Grund) Warum bist du zu spät?	**Nach Gründen fragen**	• Warum schlägst du das vor? • Was sind deine Gründe? • Was ist deine Motivation hierfür?

Sprachhilfe: Fragen über die Vergangenheit stellen 4

Nach der generellen Meinung fragen	• Was habt ihr gemacht? • Wie fandest du …? • Wie hat dir … gefallen? • Was hat dir/euch am besten gefallen? • Was hat dir/euch nicht so gut gefallen?	**Nach einer zeitlichen Struktur fragen**	• Was hast du/habt ihr zuerst gemacht? • Was habt ihr danach gemacht? • Was habt ihr morgens/nachmittags abends gemacht?
Fragewörter	Was? (Ding/Objekt) Was war das? Wie? (Art und Weise) Wie hat es dir gefallen? Wo? (Ort) Wo war die Party? Wer? (Person) Wer war da? Warum? (Grund) Warum warst du nicht da?	**Nach Gründen fragen**	• Warum hast du vorgeschlagen, dies zu tun? • Was waren deine Gründe? • Was war deine Motivation hierfür?

© 2018 Cornelsen Verlag GmbH. Alle Rechte vorbehalten. Die Vervielfältigung dieser Seite ist für den eigenen Unterrichtsgebrauch gestattet. Nutzung sämtlicher Inhalte nur im Rahmen dieser Vorlage. Schuett/Verrière - Binnendifferenzierte Sprechanlässe im DaZ-Unterricht. Illustration: Dorina Tessmann

Sprachhilfe: Konjunktiv II 5

<table>
<tr><th>Fälle</th><th>Regel</th></tr>
<tr><td>Irreale Hypothesen:
„Wenn ich eine Million hätte, würde ich eine Villa kaufen."</td><td rowspan="6"><u>Bildung:</u> Stamm des Präteritums + Endungen und Vokalwechsel (Beispiel 1. Person Singular):
a) gilt für alle Hilfs- und Modalverben
• sein: ich war – ich wäre
• haben: ich hatte – ich hätte
• können: ich konnte – ich könnte
• dürfen: ich durfte – ich dürfte
• müssen: ich musste – ich müsste
• mögen: ich mochte – ich möchte
Ausnahme: „sollen" und „wollen"
• sollen: ich sollte – ich sollte
• wollen: ich wollte – ich wollte

b) gilt für folgende unregelmäßige Verben
• werden: ich wurde – ich würde
• finden: ich fand – ich fände
• gehen: ich ging – ich ginge
• kommen: ich kam – ich käme
• lassen: ich ließ – ich ließe
• schlafen: ich schlief – ich schliefe
• wissen: ich wusste – ich wüsste

Die meisten anderen Verben werden besonders mündlich mit „würden" gebildet: Form von würden + Infinitiv:
„Ich würde gerne vorbeikommen."
du würdest …
er/sie/es würde …
wir würden …
ihr würdet …
sie würden …</td></tr>
<tr><td>Irreale Wünsche:
„Wenn ich nur im Lotto gewinnen würde!"</td></tr>
<tr><td>Höfliche Wünsche:
„Ich hätte gern mehr Kuchen."</td></tr>
<tr><td>Ratschläge:
„Du solltest keinen Kuchen mehr essen."</td></tr>
<tr><td>Vorschläge:
„Du könntest mehr Obst essen."</td></tr>
<tr><td>Eigene Meinungen:
„Ich könnte mir vorstellen, heute Abend ins Restaurant zu gehen."</td></tr>
</table>

Sprachhilfe: Komparativ und Superlativ 6

<table>
<tr><td rowspan="3">Substantiv</td><td>Zustand
Grundform + Adjektivdeklination</td><td>Komparativ
Grundform + -er + Adjektiv-deklination + als</td><td>Superlativ
Grundform + -st(e)</td></tr>
<tr><td colspan="3"><u>Beispiel:</u> klein</td></tr>
<tr><td>Ich habe ein kleines Zimmer.</td><td>Sven hat ein kleineres Zimmer als ich.</td><td>Laura hat das kleinste Zimmer.</td></tr>
<tr><td rowspan="3">Adjektiv</td><td>Zustand
Grundform</td><td>Komparativ
Grundform + -er + als</td><td>Superlativ
(am) Grundform + -st(en)</td></tr>
<tr><td colspan="3"><u>Beispiel:</u> schön</td></tr>
<tr><td>Mein Zimmer ist schön.</td><td>Svens Zimmer ist schöner als meins.</td><td>Lauras Zimmer ist am schönsten.</td></tr>
<tr><td rowspan="2">Vorsicht</td><td rowspan="2"><u>Ausnahmen:</u>
• gut, besser, am besten
• viel, mehr, am meisten
• hoch, höher, am höchsten</td><td><u>Im Komparativ fällt die Endung -e weg</u>
• teuer, teurer, am teuersten</td><td><u>Im Superlativ ist die Endung -est nach Adjektiven mit -d, -t, -s, -ss, -ß, -sch, -z, -tz, -x</u>
• rund, runder, am rundesten</td></tr>
<tr><td colspan="2"><u>Umlaut im Komparativ und Superlativ bei einsilbigen Wörtern:</u>
a, o, u = ä, ö, ü
lang, länger, am längsten</td></tr>
</table>

Sprachhilfe: Zeiten 7

Zeit	**Beispiel**			**Regel**
Präsens – Gegenwart	lernen ich lern**e** du lern**st** er/sie/es lern**t** wir lern**en** ihr lern**t** sie lern**en**	sein ich **bin** nett du **bist** nett er/sie/es **ist** nett wir **sind** nett ihr **seid** nett wir **sind** nett	haben ich hab**e** Durst du ha**st** Durst er/sie/es ha**t** Durst wir hab**en** Durst ihr hab**t** Durst sie hab**en** Durst	Zustand/Handlung in der Gegenwart; vereinbarte Handlung in der Zukunft regelmäßige Verben Verbstamm + Endung Achtung: -t, -d, -m, -n = 2. + 3. Ps. Sg. und 2. Ps. Pl. **+ e** (du arbeit**e**st, er antwort**e**t, ihr find**e**t) -l = 1. Ps. Sg. **ohne e** (ich läch**le**) unregelmäßige Verben Vokaländerung im Verbstamm: 2. + 3. Ps. Sg. (**e = i**: ich helfe, du hilfst, **e = ie**: ich sehe, du s**ie**hst, **a = ä**: ich fahre, du f**ä**hrst, au = äu: ich laufe, du l**äu**fst)
Futur – Zukunft	ich werde du wirst er/sie/es wird wir werden ihr werdet sie werden	} lernen		Absicht/Vermutung für die Zukunft Verb: **werden** (2. Position) **+ Infinitiv** Endposition
Präteritum/ Imperfekt – Vergangenheit	ich lern**te** du lern**test** er/sie/es lern**te** wir lern**ten** ihr lern**tet** sie lern**ten**	ich **war** nett du war**st** nett er/sie/es **war** nett wir war**en** nett ihr war**t** nett sie war**en** nett	ich **hatte** Durst du hatt**est** Durst er/sie/es **hatte** Durst wir hatt**en** Durst ihr hatt**et** Durst sie hatt**en** Durst	Zustand/abgeschlossene Handlung in der Vergangenheit Achtung: „**t**" und/oder Stammvokalwechsel -t, -d, -m, -n = + e (ich arbeit**e**te) meist in geschriebener Sprache (Berichte)
Perfekt – vollendetet Gegenwart	ich **habe** du **hast** er/sie/es **hat** wir **haben** ihr **habt** sie **haben** ich **bin** du **bist** er/sie/es **ist** wir **sind** ihr **seid** sie **sind**	} **ge**lern**t** } **ge**rann**t**		abgeschlossene Handlung in der Vergangenheit **Hilfsverb im Präsens** von **haben** und **sein + Partizip II** sein: Bewegungsverb, Zustandsänderung, Ausnahmen wie sein, bleiben, passieren meist in gesprochener Sprache; vermehrt auch in der Schriftsprache
Plusquamperfekt – Vorvergangenheit	ich **hatte** du **hattest** er/sie/es **hatte** wir **hatten** ihr **hattet** sie **hatten** ich **war** du **warst** er/sie/es **war** wir **waren** ihr **wart** sie **waren**	} **ge**lern**t** } **ge**rann**t**		Handlung vor einem bestimmten Zeitpunkt in der Vergangenheit **Hilfsverb im Präteritum** von **haben** und **sein + Partizip II**

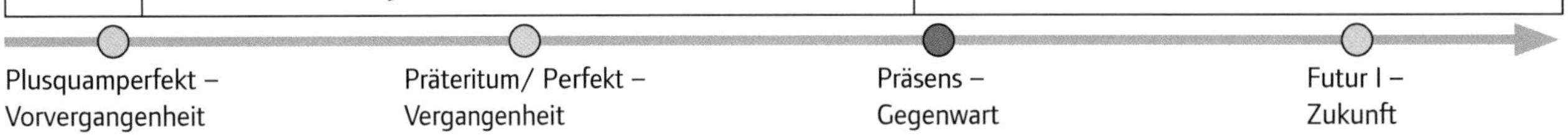

Sprachhilfe: Modalverben 

- Es gibt 6 Modalverben: können – dürfen – wollen – müssen – sollen – mögen.
- Im Hauptsatz steht das Modalverb immer an zweiter Stelle und das Vollverb (im Infinitiv) am Ende.

Beispiel:

Subjekt	**Modalverb**	**Objekt im Akkusativ**	**Infinitiv des Vollverbs**
Olaf	muss	sein Zimmer	aufräumen.

	Singular			**Plural**			**Beispiele**
	ich	**du**	**er, sie, es**	**wir**	**ihr**	**sie**	
sollen ***Aufforderung***	*soll*	*sollst*	*soll*	*sollen*	*sollt*	*sollen*	Du **sollst** deiner Mutter helfen!
dürfen ***Erlaubnis/Verbot***	*darf*	*darfst*	*darf*	*dürfen*	*dürft*	*dürfen*	Sie **darf** heute lange aufbleiben.
dürfen ***Erlaubnis/Verbot***	*muss*	*musst*	*muss*	*müssen*	*müsst*	*müssen*	Ihr **müsst** den Müll rausbringen.
können **Möglichkeit**	*kann*	*kannst*	*kann*	*können*	*könnt*	*können*	Wir **können** uns später treffen.
wollen ***Wunsch/Absicht***	*will*	*willst*	*will*	*wollen*	*wollt*	*wollen*	Jan **will** jetzt ein Eis.
mögen ***Zuneigung***	*mag*	*magst*	*mag*	*mögen*	*mögt*	*mögen*	Ich **mag** keinen Fisch (essen).

Sprachhilfe: Gefühle ausdrücken 

positiv	**neutral**	**negativ**
• sich riesig freuen, dass … • froh sein, dass … • etwas/jemanden mögen • etwas/jemanden lieben • stolz sein auf … • glücklich sein • froh/dankbar sein, dass … • ausgezeichnet sein (es ist ausgezeichnet – 3. Ps. Sg., mir geht es ausgezeichnet – Dativ) • großartig sein (es ist großartig – 3. Ps. Sg., mir geht es großartig – Dativ) • (sehr) gut sein (es ist gut – 3. Ps. Sg., mir geht es gut – Dativ)	• etwas ernst meinen • etwas/jemanden verstehen • an etwas/jemanden glauben • vernünftig sein • ehrlich sein • verlässlich sein • erleichtert sein • dankbar sein • sicher sein • überrascht sein • zuversichtlich sein • flexibel sein	• unzufrieden sein mit … • unvernünftig sein • etwas/jemanden hassen • etwas/jemanden bedauern • jemanden beneiden • Angst haben vor … • sauer sein auf … • ungerecht sein • traurig sein • unglücklich sein • schrecklich sein • enttäuscht sein • ängstlich sein • schüchtern sein

Sprachhilfe: Präpositionen 10

		Beispiel	Kontext
Präpositionen mit dem Akkusativ	**bis**	Ute hat **bis** 12.00 mittags geschlafen. Ralf ist **bis** Berlin zu Fuß gelaufen!	temporal (Zeit) lokal (Ort)
	um (herum)	Sie wird **um** sieben Uhr zu Hause sein. Wir sind **um** die Stadt **(herum)** gefahren.	temporal (Zeit) lokal (Ort)
	für	Ich will **für** immer in München bleiben! Ich bin **für** die Schuluniform.	temporal (Zeit) final (Zweck/Ziel)
	durch	Sofia läuft **durch** die Stadt. Mario ist **durch** die Trennung so schlecht drauf.	lokal (Ort) kausal (Grund)
	ohne	Sie trinkt Saft immer **ohne** Wasser.	modal (Art und Weise)
	gegen	Komm doch **gegen** 7 Uhr zu mir. Sie ist **gegen** das Auto gestoßen. Ich bin **gegen** Krieg.	temporal (Zeit) lokal (Ort) final (Zweck/Ziel)
Präpositionen mit dem Dativ	**außer**	Alle **außer** Markus sind zu meinem Geburtstag gekommen.	modal (Art und Weise)
	ab	**Ab** Mitte der Woche soll es regnen. **Ab** München konnten wir die Berge sehen.	temporal (Zeit) lokal (Ort)
	bei	**Bei** Renes Ankunft gab es Chaos. Wohnst du noch **bei** deinen Eltern?	temporal (Zeit) lokal (Ort)
	seit	**Seit** fünf Jahren habe ich meine Freundin nicht gesehen.	temporal (Zeit)
	mit	**Mit** dem Auto geht es viel schneller!	modal (Art und Weise)
	nach	**Nach** einer Nacht bei Oma wollte ich wieder nach Hause. In den großen Ferien fahren wir **nach** Frankreich. Immer geht es nur **nach** dir.	temporal (Zeit) lokal (Ort) modal (Art und Weise)
	gegenüber	Schräg **gegenüber** ist das Kino! Mir **gegenüber** ist er immer nett.	lokal (Ort) modal (Art und Weise)
	aus	**Aus** Angst vor einem Streit hat sie lieber nichts gesagt. Olaf nimmt einen Apfel **aus** der Tasche.	kausal (Grund) direktional (Richtung)
	von	Susi kommt gut gelaunt **von** der Schule.	direktional (Richtung)
	zu	**Zum** Geburtstag wünsche ich mir ein Fahrrad. Kommst du mit **zu** Oma?	temporal (Zeit) direktional (Richtung)
Wechselpräpositionen (Akkusativ + Dativ)		**Akkusativ – Wohin?** (typische Verben: hängen, stellen, legen)	**Dativ – Wo?** (hängen, stehen, liegen)
	an	Anna hängt das Bild **an** die Wand.	Das Bild hängt **an** der Wand.
	auf	Die Katze springt **auf** das Sofa.	Die Katze liegt **auf** dem Sofa.
	hinter	Ich stelle die Lampe **hinter** das Sofa.	Die Lampe steht **hinter** dem Sofa.
	in	Susi legt die Wärmflasche **ins** (in das) Bett.	Die Wärmflasche liegt **im** (in dem) Bett.
	neben	Ute stellt den Couchtisch **neben** den Sessel.	Der Couchtisch steht **neben** dem Sessel.
	über	Ralf hängt den Spiegel **über** den Tisch.	Der Spiegel hängt **über** dem Tisch.
	unter	Ich lege den Teppich **unter** die Couch.	Der Teppich liegt **unter** der Couch.
	vor	Paul legt das Buch **vor** den Computer.	Das Buch liegt **vor** dem Computer.
	zwischen	Wir stellen den Stuhl **zwischen** die Couch und den Sessel.	Der Stuhl steht **zwischen** der Couch und dem Sessel.

Sprachhilfe: Bilder beschreiben 11

• Auf dem Bild sieht man … • Im Vordergrund/Hintergrund sieht man … • Auf der linken/rechten Seite ist … • Oben/Unten sind … • In der Mitte des Bildes sind …	• Neben dem … ist … • Da sind ein paar … • Hinter/Vor … ist … • Zwischen … und … sieht man …

✂---

Sprachhilfe: Adverbien 12

	Adverbien + Beispiele	Gebrauch
Temporaladverbien **Wann? Wie oft?**	**nie, selten, kaum, manchmal, oft, häufig, meistens, immer, jetzt, morgens, abends, freitags** Beispiele: • **Morgens** gehe ich joggen. • Ich mache **selten** meine Hausaufgaben. • **Meistens** schlafe ich lange. • Ich schlafe **immer** mit Musik.	Temporaladverbien beschreiben **Zeitpunkte** oder **Zeiträume.** Stellung im Satz: **Satzanfang** oder **Satzmitte** nach dem Verb
Lokaladverbien **Wo?**	**hier, dort, da, links, rechts, vorne, hinten, oben, unten, überall, nirgends, drinnen, draußen** Beispiele: • **Überall** sind Menschen. • Ich bin **hier.** • **Nirgends** gibt es Wasser. • Die Getränke stehen **draußen.**	Lokaladverbien geben an, wo sich jemand oder eine Sache/ein Tier befindet. Stellung im Satz: **Satzanfang** oder **Endposition**
Direktionaladverbien **Wohin? Woher?**	Wohin: **hin, dorthin, hinauf, hinunter, vorwärts, rückwärts, abwärts, aufwärts** Woher: **her, dorther, herab, herunter, heraus** Beispiele: • Ich gehe **dorthin.** • Ich komme **heraus.** • Lauf jetzt **rückwärts!** • Komm sofort **herunter!**	Direktionaladverbien geben eine **Richtung** an. **hin-** = bedeutet vom Sprecher weg **her-** = bedeutet zum Sprecher hin Stellung im Satz: meistens **Endposition**
Modaladverbien **Wie?**	**hoffentlich, leider, natürlich, wirklich, glücklicherweise, anscheinend, wahrscheinlich, vielleicht** Beispiele: • **Wahrscheinlich** gibt es heute Hitzefrei. • Ich schreibe **hoffentlich** einen guten Test. • **Vielleicht** können wir heute schwimmen gehen. • Ich habe **leider** zu viele Hausaufgaben.	Modaladverbien geben die Art und Weise an. Stellung im Satz: **Satzanfang** oder in der **Satzmitte** nach dem Verb
Kausaladverbien	**deshalb, dennoch, allerdings, trotzdem, allerdings, folglich, also** Beispiele: • Ich habe zu viel gegessen. **Deshalb** habe ich Bauchschmerzen. • Ich möchte **also** einen Fencheltee trinken. • **Allerdings** möchte ich danach eine Cola trinken. • Cola ist bei Bauchschmerzen **nämlich** besonders gut.	Kausaladverbien zeigen **Gründe, Konsequenzen** und **Bedingungen** auf. Stellung im Satz: **Satzanfang** oder **Satzmitte** nach dem Verb (Ausnahme: *nämlich* steht in der Satzmitte)

Sprachhilfe: Sprachfächer 13

Anleitung: Am besten wird das Arbeitsblatt kopiert und laminiert. Dann werden alle Streifen ausgeschnitten und beim X gelocht. Daraufhin werden alle Streifen mit einer Öse oder einem Faden verbunden, sodass sich die Streifen als Fächer öffnen lassen.

x	Meiner/Unserer Meinung nach …
x	Zuerst möchte ich/möchten wir …
x	Lasst uns mit … beginnen.
x	Danach bespreche ich/besprechen wir …
x	Mein/Unser nächster Punkt ist …
x	Lasst uns nun folgenden Punkt betrachten …
x	Worauf ich noch hinweisen möchte/wir noch hinweisen möchten …
x	Ich möchte/Wir möchten betonen, dass …
x	Was mir/uns wichtig ist, ist …
x	Ich denke/Wir denken, dass …
x	Wie ich eben sagte, …
x	Wie ich bereits betont habe, …
x	Kann ich bitte ausreden?
x	Zusammenfassend …
x	Abschließend möchte ich festhalten, …

Sprachhilfe: Eine Rückmeldung zu einem Rollenspiel oder einer Präsentation geben 14

Wenn du eine Rückmeldung gibst, ist es wichtig, Respekt für deine eigene Arbeit und die Arbeit deiner Mitschüler zu zeigen. Es ist aber auch wichtig, konstruktive Kritik zu üben, sodass der andere sich verbessern kann. Hier findest du Anregungen, wie du eine Rückmeldung geben kannst. Fang mit etwas Positivem an und gib dann auch konstruktive Kritik.

<table>
<tr>
<td>Rückmeldung an Mitschüler</td>
<td>Generelle Rückmeldung
• Euer Rollenspiel/Eure Präsentation war …
– (nicht) gut, weil …
– (nicht) überzeugend, weil …
• Mir hat euer Rollenspiel/eure Präsentation (wirklich) (nicht) gut gefallen, weil …
• Ich fand euer Rollenspiel/eure Präsentation (nicht) aufregend, weil …
• Ich habe viel/wenig von euch gelernt.

Sprache
• Es war (nicht) leicht, euch zuzuhören, weil …
• Ihr habt (nicht) laut genug gesprochen.
• Ich konnte alles verstehen.
• Ich konnte vieles nicht verstehen.
• Ihr habt (nicht) genügend Sprechpausen gemacht.</td>
<td>Inhalt
• Eure Präsentation war genau recherchiert.
• Ich glaube, dass einige Sachen nicht gestimmt haben, weil …
• Eure Ideen im Rollenspiel waren (nicht) gut, weil …
• Das Thema war (nicht) interessant.
• Ihr habt eure Meinung (nicht) klar vertreten.
• Die Präsentation/Das Rollenspiel war (nicht) klar strukturiert.

Visualisierung
• Ihr habt (nicht) überzeugend Visualisierungen eingesetzt.
• Eure Präsentation hat die wesentlichen Punkte (nicht) unterstützt.
• Eure Präsentation hat den Vortrag (nicht) gut unterstützt.</td>
</tr>
<tr>
<td>Zustimmung zeigen</td>
<td>• Ich weiß, was du meinst, weil …
• Ich stimme dir voll und ganz zu, weil …
• Ich teile deine Meinung, weil …
• Für mich ist das Thema auch wichtig, weil …
• Ihr habt mich mit der Präsentation überzeugt, weil …
• Ich habe das Gleiche über das Thema gedacht, weil …
• Ich war mir vorher nicht sicher, aber eure Präsentation hat mich überzeugt, weil …</td>
<td rowspan="2">Begründungen
• … ich die gleiche Erfahrung gemacht habe.
• … ich noch nie von diesem Aspekt gehört habe.
• … ich die gleichen Gedanken zu dem Thema habe.
• … ich das Gleiche über das Thema weiß.
• … mich eure Präsentation wirklich überzeugt.</td>
</tr>
<tr>
<td>Verbesserungsbedarf mitteilen</td>
<td>• Ich habe nichts über … erfahren.
• Ich würde gerne mehr über … erfahren, weil …
• Vielleicht hättet ihr auch von … erzählen können.
• Eure Präsentation war ein bisschen zu kurz/lang/unstrukturiert/verwirrend.
• Könntet ihr beim nächsten Mal etwas lauter/langsamer sprechen?</td>
</tr>
</table>

Strukturhilfen

Strukturhilfe: Eine Präsentation vorbereiten 15

Vorbereitung	Darstellung	Präsentation
• Sammelt Ideen. • Diskutiert die Ideen in der Gruppe. • Nutzt eine Mind-Map oder ein Platzdeckchen. • Entscheidet euch für die Punkte, die ihr vortragen möchtet. • Sprecht über negative und positive Aspekte. • Strukturiert eure Ideen. • Arbeitet die Präsentation aus und übt sie. • Begründet eure Aussagen.	• Bereitet ein Poster vor, das eure Präsentation unterstützt. • Das Poster sollte Stichwörter und Zeichnungen oder Bilder beinhalten. • Ihr könnt verschiedene Farben nutzen.	• Fangt an, indem ihr das Thema der Präsentation vorstellt und sagt, wie ihr die Präsentation strukturiert. • Wechselt euch beim Sprechen ab; nicht alle müssen gleich viel sprechen. • Sprecht deutlich. • Beendet die Präsentation, indem ihr eine Zusammenfassung gebt.

Beispielposter

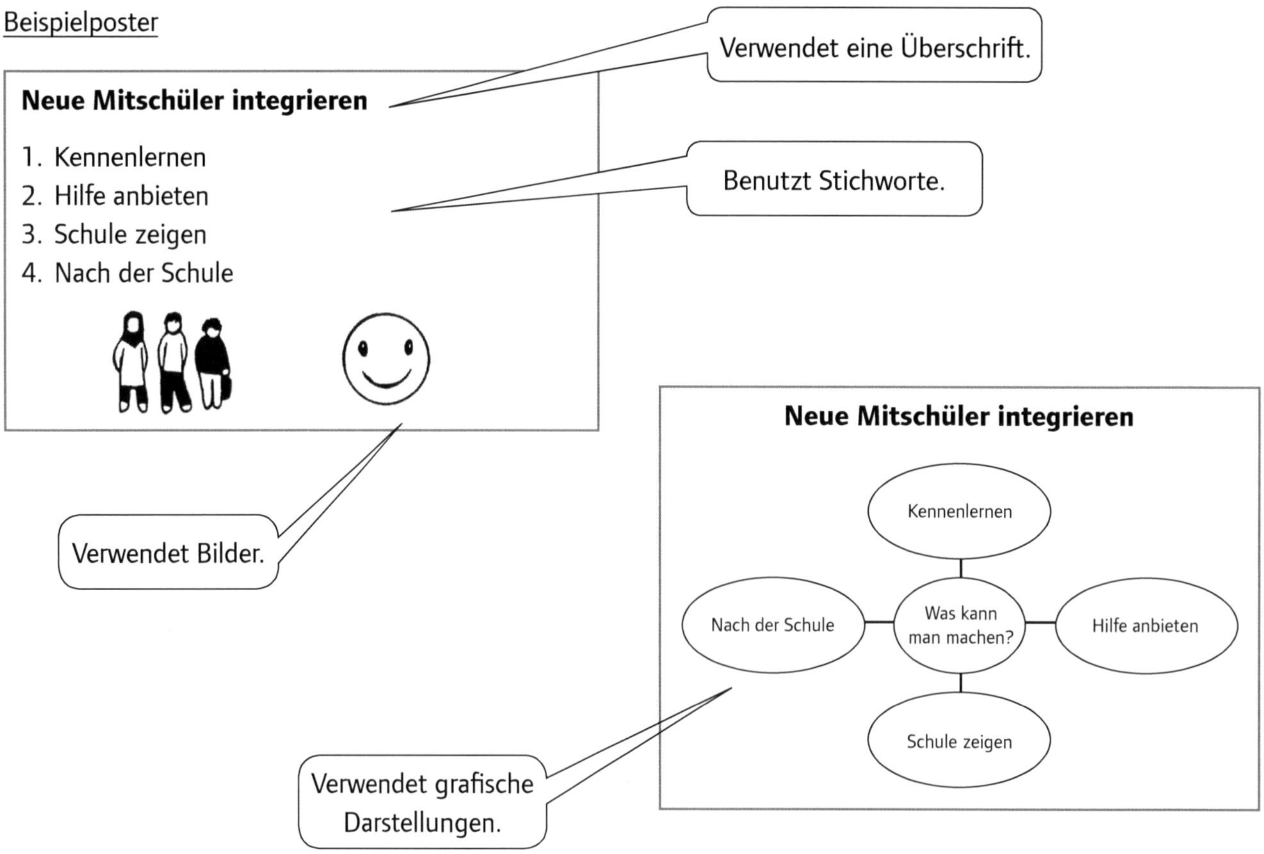

Strukturhilfe: Rollenkarten – Gruppenarbeit 16

Zeitwächter/-in  Achte darauf, dass die zeitliche Vorgabe eingehalten wird.	Sprachwächter/-in  Achte darauf, dass alle Deutsch sprechen.
Spion/-in  Du kannst bei anderen Gruppen oder dem Lehrer bzw. der Lehrerin nachfragen.	Aufgabenwächter/-in  Achte darauf, dass alle an der Aufgabenstellung arbeiten.
Gastgeber/-in  Achte darauf, dass alle mitarbeiten. Wenn es nötig ist, nimm die Personen nacheinander dran.	Sekretär/-in  Du bist für die Notizen der Gruppe verantwortlich.

Strukturhilfe: Platzdeckchen und Galeriegang – Gruppenarbeit 17

Die Methode des Platzdeckchens eignet sich besonders, um Ideen zu entwickeln und sich über diese in der Gruppe auszutauschen. Ihr braucht ein A4- oder A3-Poster oder -Papier.

Ein Platzdeckchen hilft euch dabei, folgende Schritte einzuhalten:

1. **Einzelarbeit** (ihr macht euch alleine Gedanken und notiert Stichworte)
2. **Austausch** (ihr tauscht euch mit euren Gruppenmitgliedern aus)
3. **Ergänzungen** (ihr tragt euer Gruppenprodukt im Mittelfeld des Platzdeckchens zusammen)
   Unten seht ihr zwei Beispiele von Platzdeckchen. Das erste ist für vier Schüler, das zweite für drei Schüler. Je nach Bedarf könnt ihr mehr oder weniger Platzdeckchenfelder einzeichnen.

In einer anschließenden Aufgabe können die Mittelteile der Platzdeckchen ausgeschnitten und im Klassenraum verteilt aufgehängt werden. In einem Galeriegang könnt ihr von Poster zu Poster gehen und eure Kleingruppenprojekte besprechen.

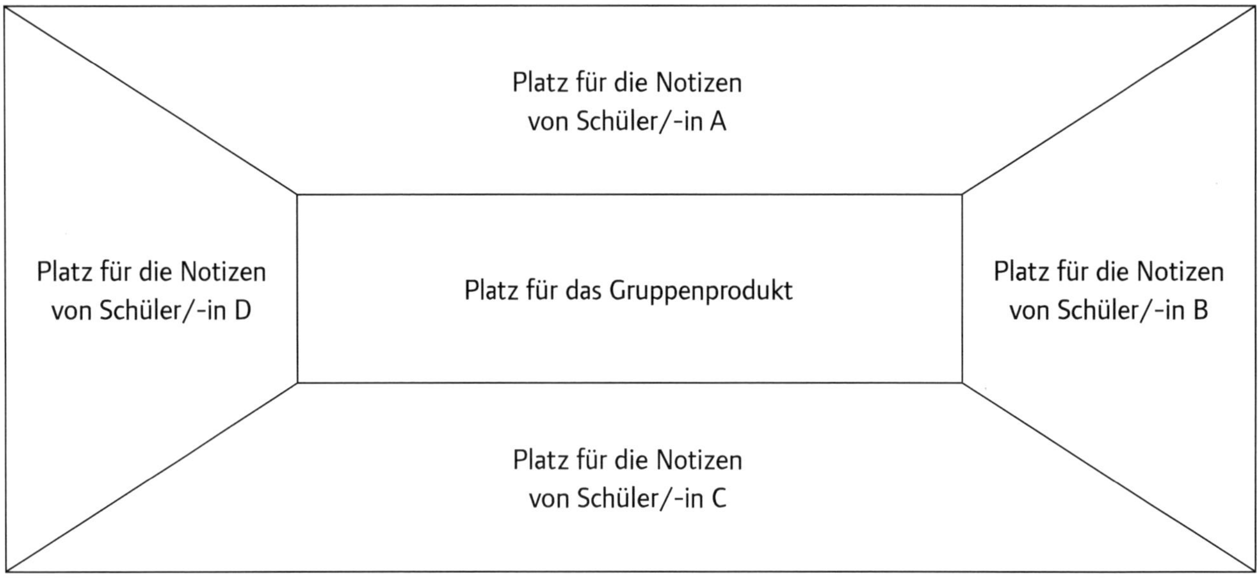

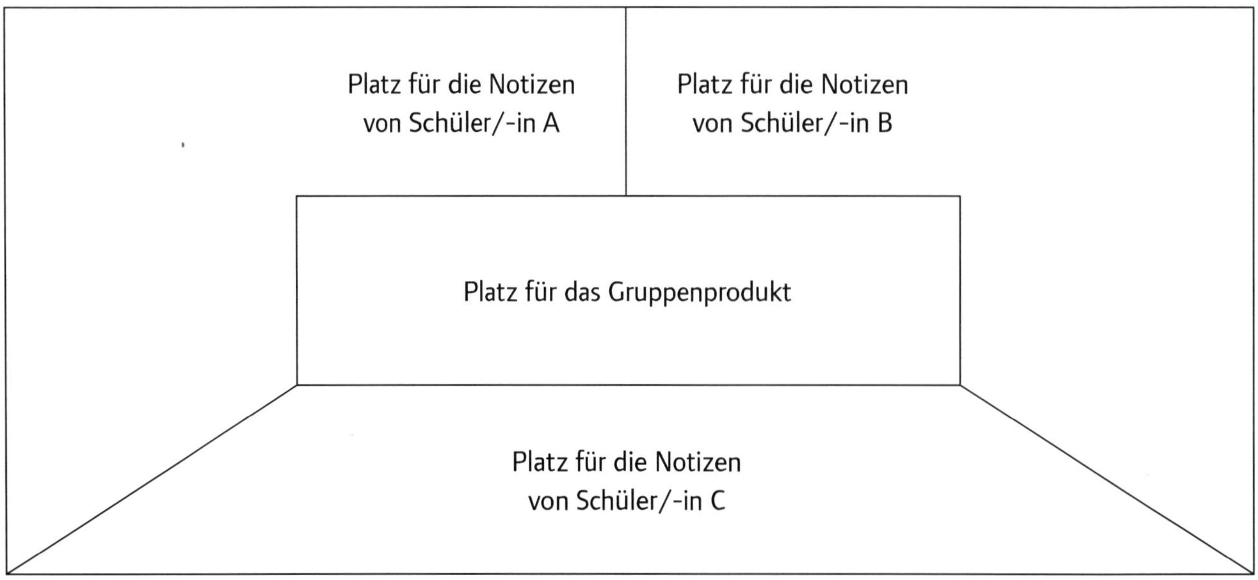

Bewertungs- und Reflexionsbögen

Reflexionsbogen: Rollenspiel – Meine Bewertung

	☺ 😐 ☹ + **Kommentar**
Das Thema hat mir gefallen.	
Das Rollenspiel hat im Ganzen gut funktioniert.	
Das Rollenspiel hat mir Spaß gemacht.	
Mir/Uns ist besonders gut gelungen …	
Ich mochte meine Rolle.	
Ich konnte zeigen, was ich auf Deutsch kann.	
Besonders leicht fand ich …	
Besonders schwierig fand ich …	
Wenn jemand Schwierigkeiten bei der Vorbereitung hatte, gab es Hilfestellungen.	
Ich konnte gut mit den anderen zusammenarbeiten.	
Ich habe etwas dazugelernt.	
Beim nächsten Rollenspiel muss ich/müssen wir darauf achten …	

Reflexionsbogen: Präsentation – Meine Bewertung

	☺ 😐 ☹ + **Kommentar**
Das Thema war interessant.	
Die Präsentation hat gut funktioniert.	
Die Präsentation hat mir Spaß gemacht.	
Mir/Uns ist besonders gut gelungen …	
Die Arbeit und das Vortragen mit den anderen hat gut funktioniert.	
Ich konnte zeigen, was ich auf Deutsch kann.	
Besonders leicht fand ich …	
Besonders schwierig fand ich …	
Wenn jemand Schwierigkeiten bei der Vorbereitung hatte, gab es Hilfestellungen.	
Ich weiß jetzt mehr zum Thema als vorher.	
Ich habe Lust bekommen, noch mehr über das Thema zu lernen.	
Bei der nächsten Präsentation muss ich/müssen wir darauf achten …	

Bewertungsbogen Lehrer und Schüler: Rollenspiel

Name:	Rollenspiel: Klasse:
	Kommentar
Sprache	
Aussprache	
Geschwindigkeit (zu langsam/schnell)	
Strukturen (Satzbau, Verbformen)	
Vokabular (Wörter)	
Sätze 1 (Fragen und Aussagesätze)	
Sätze 2 (Verneinung, Bestätigung)	
Körpersprache (schauspielerische Umsetzung, Augenkontakt)	
Inhalt	
Hilfestellungen (wurden bei Bedarf genutzt)	
Struktur des Rollenspiels (Einleitung, Hauptteil, Schluss)	
Verbindungen im Hauptteil (Sätze sind logisch verknüpft)	
Entwicklung des Rollencharakters	
Gesamteinschätzung	

Bewertungsbogen Lehrer und Schüler: Präsentation

Name:	Präsentation: Klasse:
	Kommentar
Sprache	
Aussprache	
Geschwindigkeit (zu langsam/schnell)	
Strukturen (Satzbau, Verbformen)	
Vokabular (Wörter)	
Sätze 1 (Fragen und Aussagesätze)	
Sätze 2 (Verneinung, Bestätigung)	
Körpersprache (Präsentation, Augenkontakt)	
Inhalt	
Bedeutung (Thema ist bedeutsam und überzeugend)	
Vorbereitung (Thema wurde überzeugend vorbereitet)	
Hilfestellungen (wurden bei Bedarf genutzt)	
Struktur der Präsentation (Einleitung, Hauptteil, Schluss)	
Gesamteinschätzung	